Esperança e contextos de saúde

Vol. II

Ivonise Fernandes da Motta
Cláudia Yaísa Gonçalves da Silva
(Organizadoras)

Esperança e contextos de saúde

Vol. II

EDITORA
IDEIAS&
LETRAS

1ª impressão

EDITORA IDEIAS & LETRAS

Avenida São Gabriel , 495
Conjunto 42 - 4º andar
Jardim Paulista – São Paulo/SP
Cep: 01435-001
Editorial: (11) 3862-4831
Televendas: 0800 777 6004
vendas@ideiaseletras.com.br
www.ideiaseletras.com.br

Dados Internacionais de Catalogação na Publicação (CIP) de acordo com o ISBD

E77 Esperança e contextos de saúde / organizado por Ivonise Fernandes da Motta, Cláudia Yaísa Gonçalves da Silva. - São Paulo : Ideias & Letras, 2021.
232 p. ; 16cm x 23cm. – (Psicologia no viver ; v.2)

Inclui bibliografia.
ISBN: 978-65-87295-14-5

1. Psicologia. 2. Esperança. 3. Contextos de saúde. I. Motta, Ivonise Fernandes da. II. Silva, Cláudia Yaísa Gonçalves da. III. Título. IV. Série.

2021-1703 CDD 150
CDU 159.9

Elaborado por Vagner Rodolfo da Silva - CRB-8/9410

Índices para catálogo sistemático:
1. Psicologia 150
2. Psicologia 159.9

Sumário

Notas sobre os autores

Adriana Marie Kimura: Psicóloga clínica, especialista em Neuropsicologia pelo Centro de Estudos em Psicologia da Saúde - CEPSIC. Especialista em Psicologia Hospitalar pelo Instituto Central do Hospital das Clínicas da FMUSP. Especialista em Psicoterapia Psicanalítica Prof. Ryad Simon – CEPSI. E-mail: adrianamarie@gmail.com

Andrea Ramalho Miranda: Psicóloga pela PUCSP. CINAPSIA – Sociedade Brasileira de Psicanálise de São Paulo. Aprimoramento em Psicoterapia Psicanalítica – PUCSP. Artista visual – Universidade de Belas Artes de São Paulo. Licenciada em Artes Visuais pela Faculdade de Educação e Cultura Montessori. E-mail: mirandaandrea61@gmail.com

Cláudia Catão: Professora; psicanalista. Doutora em Psicoterapia *On-line*/Psicologia Clínica pelo IPUSP. Pós-graduada em Innovation Health Care pela Wharton School of Medicine e em e-Health pela Universidade de Sidney. E-mail: claudiacataosiqueira@hotmail.com

Claudia Stella: Psicóloga, mestre e doutora pela Pontifícia Universidade Católica de São Paulo. Desde sua formação tem se dedicado à atuação em Psicologia Clínica, bem como ao ensino e pesquisa em Psicologia. Seu interesse compreende as áreas de Psicologia do Desenvolvimento Humano, Psicanálise, Educação, Políticas Públicas, Comunidades e Migração. Atualmente é pesquisadora do Child Lab na University of British Columbia – Canadá. E-mail: claudiastella.br@gmail.com

Cláudia Yaísa Gonçalves da Silva: Psicóloga clínica, professora do ensino superior. Doutoranda em Psicologia Clínica pelo Instituto de Psicologia da USP. Especialista em Psicanálise Teoria e Clínica (Necpar/Uni-Cesumar). Pesquisadora do LAPECRI – Laboratório de Pesquisa sobre o Desenvolvimento Psíquico e a Criatividade em Diferentes Abordagens Psicoterápicas (IPUSP). Realiza estudos sobre criatividade e desenvolvimento emocional na adolescência e juventude. E-mail: claudia@psico.life

Fatima Flórido Cesar: psicóloga, psicanalista, mestre e doutora pela PUC/SP; pós-doutora em Psicologia pela PUC/SP e pós-doutoranda pelo Programa de Psicologia Clínica da USP. Autora dos livros *Dos que moram em móvel-mar: A elasticidade da técnica psicanalítica; Asas presas no sótão: Psicanálise dos casos intratáveis;* e *Do povo do nevoeiro: Psicanálise dos casos difíceis*. Autora de artigos em periódicos diversos. E-mail: fatacesar@gmail.com

Gina Khafif Levinzon: Doutora em Psicologia Clínica pela USP. Psicanalista, membro efetivo da Sociedade Brasileira de Psicanálise de São Paulo. Professora do curso de especialização em Psicoterapia Psicanalítica CEPSI-UNIP. Coordenadora do Grupo de Estudos sobre Parentalidade e Adoção na SBPSP. Autora dos livros *A criança adotiva na psicoterapia psicanalítica; Adoção; e Tornando-se pais: A adoção em todos os seus passos*. E-mail: ginalevinzon@gmail.com

Gislaine Chaves: Psicóloga. Doutoranda em Psicologia Clínica pelo Instituto de Psicologia da Universidade de São Paulo. Mestre em Psicologia (IPUSP). Especialista em Psicologia Clínica Hospitalar em Cardiologia pelo Instituto do Coração InCor (HC/FMUSP), com aprimoramento profissional em Avaliação Clínica Psicodinâmica. Busca compreender os comportamentos autolesivos perpetrados por jovens adolescentes a partir da perspectiva psicodinâmica. E-mail: gislaine.ch@usp.br

Gustavo Vieira: Psicólogo e doutorando em Psicologia Clínica pelo Instituto de Psicologia da USP (IPUSP). Integrante do grupo de pesquisa (CNPq/USP) Clínica de Grupos e Instituições: Abordagem Psicanalítica (CLIGIAP) e do Laboratório Interinstitucional de Estudos da Intersubjetividade e Psicanálise Contemporânea (LIPSIC). E-mail: gustavovs@usp.br

Ivonise Fernandes da Motta: Professora Livre Docente do Departamento de Psicologia Clínica do Instituto de Psicologia da USP (IPUSP). Orientadora do Programa de Pós-Graduação em Psicologia Clínica do IPUSP, mestrado e doutorado. Coordenadora do LAPECRI – Laboratório de Pesquisa sobre o Desenvolvimento Psíquico e a Criatividade em Diferentes Abordagens Psicoterápicas. Supervisora do Curso de Especialização em Psicoterapia Psicanalítica (CEPSI-UNIP). Psicoterapeuta de crianças, adolescentes e adultos. Autora do livro *Orientação de pais: Novas perspectivas no desenvolvimento de crianças e adolescentes.* Organizadora de vários livros, dentre eles: *D. W. Winnicott na Universidade de São Paulo; A clínica e a pesquisa do final do século: Winnicott e a Universidade; Psicanálise no século XXI: As conferências brasileiras de Robert Rodman; Violência e sofrimento de crianças e adolescentes na perspectiva winnicottiana; Psicologia: Relações com o contemporâneo.* E-mail: ivonise.motta@gmail.com / ivonise@usp.br

Leila Salomão de La Plata Cury Tardivo: Professora associada do Instituto de Psicologia da USP na graduação e na pós-graduação (orientadora de mestrado, doutorado e pós-doutorado). Membro da Academia Paulista de Psicologia (Cadeira 23), e da Red Global de la Práctica Clínica (RGPC) da OMS. Professora colaboradora da Faculdade de Psicologia da Universidade de Sevilha. Coordena o Laboratório de Saúde Mental e Psicologia Clínica Social do IPUSP (APOIAR e Apoiar *on-line*). E-mail: tardivo@usp.br

Loreiny Claro dos Passos: Psicóloga clínica, graduada pelo Centro Universitário Adventista de São Paulo (UNASP – SP). Psicoterapeuta de crianças, adolescentes e adultos. Está em formação psicanalítica pelo Instituto Brasileiro de Psicanálise Winnicottiana (IBPW). E-mail: loreiny.claro@gmail.com

Marcus Felipe Heles: Estudou Psicanálise no CBP/RJ e na EPSP e Artes Dramáticas na Martins Penna/RJ. Graduado em Administração pela Faculdade Pitágoras e pós-graduado em Gestão de Pessoas e Projetos Sociais pela UNIFEI/MG, atualmente faz parte do Grupo de Estudo em Winnicott, coordenado pela professora Ivonise Fernandes da Motta, e atua como psicanalista no Nosso Consultório de Psicanálise. E-mail: felipeavlis3@gmail.com

Marina Ramalho Miranda: Psicóloga e psicanalista docente e membro efetivo da Sociedade Brasileira de Psicanálise de São Paulo e da International Psychoanalytical Association (IPA). Mestre e doutora em Psicologia Clínica pelo Núcleo de Psicanálise da PUCSP. Especialista em Saúde Mental pela Faculdade de Saúde Pública da USP. Supervisora clínica e especialista em Psicologia Clínica pelo CRP-SP – Conselho Regional de Psicologia de São Paulo. Membro do COWAP (Women and Psychoanalysis Committee - IPA). E-mail: m.r.miranda@uol.com.br

Marina F. R. Ribeiro: Psicanalista; professora doutora do IPUSP; professora do Programa de Estudos Pós-graduados em Psicologia Clínica do IPUSP; coordenadora do LipSic (Laboratório Interinstitucional de Estudos da Intersubjetividade e Psicanálise Contemporânea, IPUSP/PUCSP). Autora e co-autora dos livros *Melanie Klein na psicanálise contemporânea: Teoria, clínica e cultura* (2019); *Por que Klein?* (2018); *Para além da contra-transferência: O analista implicado* (2017); *Bion em nove lições: Lendo transformações* (2011); *De mãe em filha: A transmissão da feminilidade* (2011); *Balint em sete lições* (2012); *Infertilidade e reprodução assistida: Desejando filhos na família contemporânea* (2004); além de artigos em periódicos. E-mail: marinaribeiro@usp.br

Nadja Nara Barbosa Pinheiro: Professora associada do Departamento de Psicologia da Universidade Federal do Paraná e do Programa de Pós-graduação em Psicologia (Depsi/UFPR). Doutora em Psicologia (PUC-RJ) com pós-doutorado em Psicanálise e Psicopatologia (Sorbonne/Paris 7). Coordenadora do Laboratório de Psicanálise (UFPR). E-mail: nadjanbp@hotmail.com

Nirã dos Santos Valentim: Psicóloga, doutora em Psicologia Clínica pelo Instituto de Psicologia da USP, pesquisadora na área de oncologia, em câncer de mama e psicanálise, docente da graduação e coordenadora da clínica escola de Psicologia da Universidade Municipal de São Caetano do Sul, especialista em Psicoterapia Breve Operacionalizada - PBO de orientação psicanalítica. E-mail: niravalentim@gmail.com

Pablo Castanho: Professor doutor do Departamento de Psicologia Clínica do Instituto de Psicologia da USP (IPUSP). Líder do grupo de pesquisa (CNPq/USP) Clínica de Grupos e Instituições: Abordagem Psicanalítica (CLIGIAP) e coordenador do Laboratório Interinstitucional de Estudos da Intersubjetividade e Psicanálise Contemporânea (LIPSIC). Membro do Núcleo de Estudos de Saúde Mental e Psicanálise das Configurações Vinculares (NESME). E-mail: pablo.castanho@usp.br

Pedro Belarmino Garrido: Psicólogo formado pela USP; membro da COESAS/SBCBM – Sociedade Brasileira de Cirurgia Bariátrica e Metabólica, Núcleo Saúde Mental; psicanalista membro do Departamento de Formação em Psicanálise do Instituto Sedes Sapientiae; coordenador da Gesto Psicanálise; mestrando do Departamento de Psicologia Clínica da USP. Pesquisador do LAPECRI – Laboratório de Pesquisa sobre o Desenvolvimento Psíquico e a Criatividade em Diferentes Abordagens Psicoterápicas (IPUSP). E-mail: pbgarrido@hotmail.com

Valéria Lucarelli Mocelin: Psicóloga clínica e hospitalar, mestre pela Uninove, especialista em Psicologia Hospitalar pelo Hospital do Servidor Público Estadual e pós-graduada em Psicoterapia Psicanalítica pela

USP. Atua em hospitais privados e públicos em SP. É docente e supervisora de estágios do curso de Psicologia na Uninove há 13 anos. Coordenadora/instrutora de treinamento de habilidades de comunicação de más notícias por simulação realística há 10 anos. E-mail: profavaleriamocelin@gmail.com

Apresentação

Caminhos vão sendo traçados e construídos pelo ser humano desde sempre em cada época da história, e alimentam a ciência, a arte e a religião na produção de uma cultura que marca um tempo, e, com isso, as pessoas e o ambiente, propiciando ampliação, valorização e novos desafios, mas também crises e conflitos.

Os desafios do mundo contemporâneo, impostos pelas mudanças culturais advindas das transformações tecnológicas de informação e comunicação, econômicas e sociais, exigem a capacitação de profissionais que expliquem e compreendam os fenômenos psicossociais e os sujeitos que os produzem.

Segundo Yamamoto (1997), um dos maiores desafios que o profissional da área de humanas vive no presente é desenvolver sua capacidade de decifrar a realidade e construir propostas de trabalho criativas e capazes de preservar e efetivar direitos, a partir de demandas emergentes do cotidiano.

Essas são questões fundamentais para pensar a formação profissional do psicólogo desde a promulgação da lei (1962) que regulamentou a profissão de psicólogo no Brasil, quando as práticas profissionais realizadas se restringiam ao diagnóstico intrasubjetivo e à intervenção psicológica no indivíduo enquanto portador de sintomas sem a necessária atenção à diversidade característica do fenômeno psicológico, que também responde às demandas do nosso tempo e acompanha a evolução dos acontecimentos e das necessidades sociais.

Há que se perguntar então que processos de subjetivação estão em andamento pelos diversos efeitos produzidos pelas rápidas transformações na vida cotidiana e na subjetividade dos indivíduos, pergunta formulada por psicólogos no dia a dia de sua prática, mais intensamente nos últimos vinte anos, que exigiram novos conhecimentos e investigações permanentes sobre a complexidade social em prol de uma construção coletiva e criativa do espaço social compartilhado entre a Psicologia e outras disciplinas afins.

Essa realidade inter e intradisciplinar se acentua na atividade profissional do psicólogo no final dos anos 1990, em função do contexto de globalização da produção e dos mercados com consequentes mudanças na sociedade, que ocasionaram a ampliação dos níveis de desemprego, exclusão social, deterioração das relações de trabalho e dos direitos sociais, e influenciaram o desenvolvimento das organizações e da sociedade no sentido de assumir o desafio de enfrentamento das situações de vulnerabilidade social dos indivíduos.

Nessa conjuntura, as antigas práticas vão cedendo espaço a uma abordagem que exige cuidar da saúde dos indivíduos, das relações humanas em todos os seus contextos e do desenvolvimento humano em seu ciclo vital, segundo as condições do cliente, da família e do ambiente.

De modo a atender ao surgimento de novas demandas, seja na intervenção diagnóstica e/ou terapêutica, apresenta-se uma forma específica de apreender e realizar o psicodiagnóstico em grupo familiar para crianças e adolescentes no qual o foco é a comunicação compartilhada e uma forma de atuação do psicólogo em processos institucionais, que garantam ações de caráter preventivo em nível individual e coletivo no âmbito educacional, organizacional, judiciário, comunitário e assistencial relativos à dimensão psicossocial das relações humanas sem, no entanto, deixar a atuação de processos clínicos de aconselhamento, de psicoterapias e de outras estratégias clínicas onde quer que o psicólogo seja chamado à prestação de serviços de ordem psicológica para indivíduos ou grupos.

Assim, as abordagens teóricas e metodológicas que caracterizam o exercício profissional do psicólogo vão cedendo espaço a uma abordagem que exige qualificação profissional para atender a uma diversidade tão ampla de campos de atuação para os quais têm sido requisitado, seja no âmbito da saúde ou nas esferas organizacional e do trabalho, empresarial, escolar, comunitária, hospitais gerais, delegacia de polícia, e unidades básicas de saúde pública, que denotam ampliação, valorização e novos desafios encontrados no caminho do psicólogo, especificamente nas interfaces da Psicologia com o seu papel social na garantia de direitos humanos, no combate à desigualdade social e na oferta de serviços de atenção à saúde, à educação e à assistência social em um diálogo permanente com essas disciplinas afins.

Tal percurso da atuação prática do psicólogo faz o encaminhamento em 2004 e em 2011 para as Diretrizes Curriculares Nacionais do Curso de Psicologia pelo CNE-MEC e atinge a formação profissional da graduação, homologando uma formação crítica e questionadora que valoriza a pluralidade de pensamento e entende o conflito de ideias como uma oportunidade de atenção às profundas transformações da atuação do psicólogo no país.

As bases da concepção do curso de graduação em Psicologia promovem uma formação sustentada do desenvolvimento de competências e habilidades (LDB, 1996) em prol da formação ética, humanista e técnico-científica que possibilita um posicionamento para a ação crítico-reflexiva e consequente desenvolvimento de atitudes de solidariedade e de respeito à diversidade.

A presente obra nos oferece um olhar para os caminhos construídos pelos pacientes no enfrentamento dos conflitos e crises do seu cotidiano, e uma interação de confiança do psicólogo terapeuta na existência de um potencial humano no sentido do crescimento e da saúde, que reforça a crença na disposição individual para superar e transformar crises e conflitos em oportunidades, como o interesse pela arte, religião e poesia, que propiciam o acesso à ilusão e aos diferentes aspectos do viver criativo, ou a passividade do ócio que pode dar lugar também a um posicionamento mais ativo e facilitador de mudança.

Em cada capítulo, uma história, uma dor, um sofrimento, um adoecimento, um abandono, um comportamento autolesivo, uma cirurgia bariátrica, um carcinoma, uma tatuagem, uma renúncia, mas sempre há o lugar da esperança na constituição subjetiva de reencontrar-se com o que foi perdido. E em cada capítulo a pessoa do terapeuta psicólogo em um encontro singular no qual reconhecemos um denominador comum: esse profissional estará sempre lidando com relações humanas, onde quer que elas se deem, pois é nesse encontro com o indivíduo, ou o grupo, a organização, a comunidade, que se realizam as interlocuções capazes de promover o desenvolvimento humano na busca pela preservação da saúde. Sendo assim, a pessoa do psicólogo é seu principal instrumento de trabalho.

Convido o leitor a participar das experiências clínicas relatadas em cada página deste livro, que despertará a perspectiva para o novo cuidado clínico que vai aqui sintonizado com as necessidades de nosso tempo.

Gislaine Gliosce da Silva

Psicóloga (IPUSP), Psicanalista, Especialista em Avaliação do Ensino Superior (UNB), Diretora do Instituto de Ciências Humanas e Coordenadora do Curso de Psicologia (UNIP)

ESPERANÇA E SAÚDE:
CONTRIBUIÇÕES DA PSICOLOGIA

Ivonise Fernandes da Motta

No ano de 1975, a participação de psicólogos em equipes de saúde mental, em hospitais e ambulatórios, estava em seu início no Brasil. Em muitos lugares, em várias instituições de saúde, o psicólogo era chamado para efetuar algumas valiações que, naquela época, costumavam estar restritas fundamentalmente a medidas de inteligência.

Era esta a marca também encontrada no serviço de alergia do Hospital das Clínicas da Faculdade de Medicina da USP. Mesmo com a limitação dessas demandas iniciais, eu e alguns colegas, além das avaliações de QI (quociente de inteligência), passamos a desenvolver outros tipos de trabalhos.

Atendimentos psicoterápicos com as crianças, orientação de pais, de familiares. Atender crianças, algumas delas com sintomatologia bastante grave, direcionou caminhos importantes. À medida que crianças com frequentes crises de asma, com internações e hospitalizações recorrentes eram atendidas pelos psicólogos – estagiários dessa equipe – os resultados eram acompanhados e avaliados pelos componentes da equipe médica.

Em vários dos casos atendidos, as crianças melhoraram de maneira bastante visível, isto é, os sintomas diminuíram em frequência e intensidade. Crianças que frequentavam o hospital quase que diariamente passaram a diminuir a frequência de idas ao pronto-socorro para inalações e internações. As avaliações realizadas pelos médicos mostraram melhora da capacidade respiratória, e os quadros por vezes graves de certos pacientes tiveram uma remissão parcial ou até total da "doença respiratória".

Esse foi o caminho através do qual vimos acontecer a valorização do trabalho do psicólogo pelos diversos componentes da equipe, na qual estavam incluídos médicos e assistentes sociais, dentre outros profissionais além dos psicólogos.

Passados mais de quarenta anos desse início, assistimos a uma crescente participação do psicólogo em várias instituições de saúde, das mais diferentes ordens e especificações, pois além das instituições de saúde, o psicólogo teve oportunidades de fazer parte da equipe de vários outros tipos de instituições: jurídicas, educacionais, etc.

Há quatro décadas, os médicos que ocupavam os lugares de chefia do setor de alergia no qual trabalhávamos, ao acompanharem nossas atividades e os resultados obtidos, puderam atribuir um mérito maior à participação do psicólogo em suas equipes. Desde então, assistimos a uma longa história: os primeiros passos, e os vários passos subsequentes de ampliação, valorização e novos desafios encontrados nos caminhos do psicólogo.

Nos dias atuais, a formação de profissionais em psicoterapias psicanaliticamente orientadas engloba demandas extremamente diferenciadas e exigentes: desde intervenções diagnósticas imprescindíveis a qualquer trabalho clínico até as intervenções psicoterápicas propriamente ditas, que englobam várias ordens de possibilidades ou necessidades (longa ou curta duração; psicoterapias de âmbito ambulatorial; hospitalar; consultas terapêuticas; entrevistas; triagens; encaminhamentos; etc.).

Nesse contexto, a constituição e o desenvolvimento do que costumeiramente denominamos "raciocínio clínico" engloba noções diagnósticas construídas através do contato com o paciente, sintomas ou queixas manifestadas, e as possíveis intervenções psicoterápicas condizentes com as condições do paciente, sua família, características de seu ambiente.

A formação do profissional em atendimento clínico com orientação psicanalítica tem por base o clássico tripé: análise ou psicoterapia, supervisão, conhecimento de teorias. Eu acrescentaria um quarto elemento, a experiência no atendimento de pacientes, com clientelas das mais diferentes (bebês, crianças, adolescentes, adultos, idosos) e em suas mais diversas situações e lugares. O trabalho institucional desafia o clínico em sua criatividade com a finalidade de utilizar seu conhecimento e prática em tantas ocasiões em que é solicitado para intervir.

O início da Psicanálise é marcado por tratamentos longos, anos de trabalho e objetivos ambiciosos. Nos dias atuais, a urgência é velocidade. Tratamentos breves e pontuais ganham pertinência dado os contextos mencionados anteriormente. Os objetivos se tornaram limitados e pontuais. Tratamentos permeados por flexibilidade e compatíveis com as necessidades das pessoas e recursos disponíveis na realidade objetiva.

Essa preocupação tão presente no século XXI coaduna-se com a perspectiva já antecipada por Freud (1919/1973)[1] no século XX, de utilização dos conhecimentos oriundos da Psicanálise para populações com restrições financeiras.

A pesquisa no campo das investigações diagnósticas e em psicoterapia tem se ampliado nas últimas décadas no Brasil. Cabe citar o trabalho desenvolvido por Walter Trinca (1976)[2] com o procedimento de Desenho-Estórias, que nas últimas quatro décadas tem trazido contribuições valiosas, pesquisas e teses nos mais diversos campos.

Na década de 1970, Ryad Simon idealizou a Escala Diagnóstica Adaptativa Operacionalizada (EDAO) com a finalidade de realizar triagem em população universitária para implantação de um programa de prevenção (Simon, 1989).[3] O autor considerou que a maioria da população universitária caberia dentro da concepção de *"normalidade"* e, portanto, as escalas psiquiátricas seriam inadequadas para fins de prevenção. Foi concebida com o objetivo de servir como meio de avaliação e prognóstico da eficácia da adaptação dos alunos da Escola Paulista de Medicina, baseada no modelo clínico de prevenção, sendo

1 FREUD, S. "Los caminõs de la psicoterapia psicanalítica". *In*: *Obras Completas*. Madri: Biblioteca Nueva, 1973. (Trabalho original publicado em 1919).

2 TRINCA, W. *Investigação clínica da personalidade: O desenho livre como estímulo de apercepção temática*. Belo Horizonte: Interlivros, 1976.

3 SIMON, R. *Psicologia clínica preventiva*. São Paulo: E.P.U., 1989.

que o diagnóstico não era um fim em si, mas um meio para decidir quais medidas preventivas seriam adotadas. Desde essa época até os dias atuais inúmeras pesquisas têm sido desenvolvidas utilizando a EDAO, resultando em um número significativo de dissertações de mestrado e teses de doutorado.

Avanços têm sido realizados no campo das psicoterapias. No que concerne às investigações em psicoterapias breves, denominadas psicodinâmicas, cabe esclarecer que receberam essa qualificação ao designar modalidades de intervenção derivadas da Psicanálise, que tem por objetivo propiciar *insights* sobre os motivos inconscientes do sintoma (Malan, 1979/1983).[4]

Essa modalidade de psicoterapia, que tem por base os conhecimentos oriundos das psicoterapias de longa duração, tem sido utilizada para circunscrever trabalhos no atendimento clínico aplicado em situações específicas. Tem por características: planejamento, eficiência, foco, seleção de pacientes. Não se definem pelo número de sessões, uma ou duas vezes por semana, ou por serem realizadas em períodos mais curtos de tempo.

No Brasil, destaca-se a *Proposta de Psicoterapia Breve Operacionalizada* de Simon (2005),[5] que em seu início tem por objetivo principal o desenvolvimento de um trabalho preventivo. Baseia-se na eficácia adaptativa como critério de sua realização.

Em 2010[6] Simon apresentou pesquisa sobre efeitos da variação da frequência semanal em psicoterapia psicanalítica de longa duração, com uma ou duas sessões por semana. Esse tipo de investigação tem possibilidade de oferecer alguns indicadores úteis em relação à indicação de psicoterapia com a frequência de uma ou duas sessões por semana, conforme o diagnóstico realizado sobre a eficácia adaptativa do paciente.

4 MALAN, D. H. *Psicoterapia individual e ciência da psicodinâmica*. Porto Alegre: Artes Médicas, 1983. (Trabalho original publicado em 1979).

5 SIMON, R. *Psicoterapia Breve Operacionalizada: Teoria e Técnica*. São Paulo: Casa do Psicólogo, 2005.

6 SIMON, R. *Psicoterapia Psicanalítica: Concepção Original*. São Paulo: Casa do Psicólogo, 2010.

Cabe mencionar o trabalho desenvolvido pelo grupo de pesquisa da Universidade Federal do Rio Grande do Sul, denominado Psicoterapia de Orientação Analítica, que em muito se assemelha à proposta da clínica inglesa Tavistock.

O trabalho que vem sendo desenvolvido na Europa, em Paris, com o grupo de Marie Rose Moro, através de "consultas terapêuticas" realizadas por uma equipe multidisciplinar, tendo psicólogos com formação em Psicanálise e Psicanálise Transcultural, também aponta com confiança a direção de futuro antecipada por Freud. Atender à demanda de refugiados de guerra que buscam morada na França é uma possibilidade de intervenção e contribuição psicanalítica atual e que tem demandado investigações como preconizava o pioneiro da psicanálise.

Com esse olhar para a atualidade do atendimento clínico em suas características e urgências, tanto as psicoterapias de longa duração, com menos frequência de sessões, quanto as psicoterapias breves de orientação psicanalítica têm adquirido lugar e relevância. A formação clínica de profissionais passou a incluir a necessidade de preparo para o atendimento através de modalidades de intervenções com foco e objetivos claros e limitados.

Nesse contexto, cabe realçar o olhar de confiança na existência de um potencial humano que evolui no sentido do crescimento e da saúde, e que reforça a crença na disposição individual em superar e transformar crises e conflitos. Falhas ambientais de provisão nas mais diferentes épocas da vida podem dificultar os processos de integração. Nessa perspectiva, intervenções psicoterápicas podem ser realizadas para potencializar possibilidades de transformação e mudança de posicionamento de vida que são possíveis de serem traçadas, apesar das dificuldades que acontecem (Catafesta, 1996).[7] Essas intervenções, por vezes, são de curta duração.

7 CATAFESTA, I. F. M. "Potencialidade para a saúde ou algumas reflexões sobre a capacidade para a integração". *In*: CATAFESTA, I. F. M. (Org.). *D. W. Winnicott na Universidade de São Paulo*. São Paulo: Departamento de Psicologia Clínica do Instituto de Psicologia da Universidade de São Paulo, 1996, p. 131-142.

Esse tipo de olhar para a natureza humana nos conecta com os chamados fenômenos curativos. Winnicott (1954-5/1978)[8] nos alerta para diferentes aspectos da vida cotidiana que podem interferir favoravelmente para a maturação psíquica, tais como amizades, poesia e religião. Motta (2016)[9] sublinha os efeitos vitalizantes que podem adquirir várias atividades culturais. A arte e a religião propiciam acesso à ilusão e a diferentes aspectos do viver criativo. A passividade pode dar lugar a um posicionamento mais ativo e facilitador de mudanças.

Nossa experiência clínica individual particular tem sido corroborada por pesquisas realizadas com grupos e em diversos contextos institucionais que têm confirmado a importância do encontro com figuras parentais, através da presença sensível do terapeuta, inspiradora de confiança, que nos conecta e nos brinda com sustentação psíquica.

Freud concebeu a Psicanálise como um método de investigação do inconsciente, um método de tratamento e um modelo teórico-metodológico. Como procedimento psicoterápico, a pesquisa dos processos inconscientes demanda tempo e, portanto, a análise é um processo longo, sem duração predeterminada. A psicoterapia é um processo mais específico e focado, com objetivos limitados.

O trabalho clínico tem confirmado o quanto é importante considerar e utilizar os aspectos favoráveis do ambiente e do paciente para que mudanças efetivas possam ocorrer. Considerar os recursos egoicos do paciente para realizar o trabalho psicanalítico no qual podemos destacar: disponibilidade ou não para um tratamento longo, motivação para mudança, tipo de vínculo estabelecido.

---

8 WINNICOTT, D. W. "Aspectos Clínicos e metapsicológicos da regressão dentro do setting psicanalítico". *In*: *Textos Selecionados: Da Pediatra à Psicanálise*. Rio de Janeiro: F. Alves, 1978, p. 459-481. (Trabalho original publicado em 1954-5).

9 MOTTA, I. F. (2016). "Psicoterapia Psicanalítica na Atualidade: Comunicação, Confiança e Esperança". *In*: SIMON, R.; YAMAMOTO, K.; LEVINZON, G. (Orgs.). *Novos Avanços em Psicoterapia Psicanalítica*. São Paulo: Zagodoni, 2016, p. 32-42.

Em consultório particular, temos em muitas situações clínicas a possibilidade de acompanhar pacientes das mais diferentes idades por muitos anos. Eles privilegiam esse tipo de assistência no viver. Para outros, conforme o sintoma ou queixa e disponibilidade, o tratamento tem menor duração temporal. O que temos assistido nas últimas décadas é uma demanda maior por psicoterapias com frequência de uma sessão por semana. Situações econômicas e dificuldade de locomoção em cidades grandes têm direcionado essa situação. Modificações no *setting* que requisitam investigações surgem no panorama psicoterápico: atendimento mediado por tecnologias, telefone, atendimentos quinzenais e necessidade de atendimentos segundo a demanda do paciente (consultas em intervalos variados).

Nos dias atuais a velocidade se apresenta como uma das características marcantes de nossa realidade (Motta, 2006a).[10] O psicólogo é cada vez mais requisitado para intervenções com duração menor, o que exige flexibilidade da técnica. Os pais procuram auxílio para o desempenho de suas funções parentais nos mais diferentes momentos e idades de seus filhos de acordo com as dificuldades encontradas nesse relacionamento. Com os avanços no campo das psicoterapias de orientação psicanalíticas temos confirmado a eficácia e pertinência das intervenções psicoterápicas com frequência de uma sessão por semana e acompanhamento quinzenal ou mensal dos pais (Motta, 2006b).[11]

A presença sensível do psicoterapeuta é fator central quando o tema é atendimento clínico na atualidade. Na realidade dos hospitais, diante de diagnósticos e situações terminais, a possibilidade de encontro com um idioma humanizante proporcionado pelo psicoterapeuta é expressão de cuidado em atendimento clínico, que implica em um cuidado que tem por base uma ética ancorada na consideração pelo sofrimento psíquico do outro, de si mesmo, do social.

---

10 MOTTA, I. F. "A Psicanálise no século XXI: Um momento de reflexão". *In*: MOTTA, I. F. (Org.). *Psicanálise no século XXI: As Conferências Brasileiras de Robert Rodman*. Aparecida, SP: Ideias & Letras, 2006a, p. 285-294.

11 MOTTA, I. F. *Orientação de Pais. Novas Perspectivas no Desenvolvimento de Crianças e Adolescentes*. São Paulo: Casa do Psicólogo, 2006b.

Esse olhar para a natureza humana tem por característica fundamental a confiança nos processos maturativos. A criança humana nasce com um potencial herdado. Em contato com o ambiente, os processos maturativos podem ser facilitados ou encontrar obstáculos. O atendimento clínico em psicoterapia tem por objetivo facilitar os processos de maturação. Para tanto, nas entrevistas iniciais é de grande valor a compreensão por parte do psicoterapeuta da comunicação central do paciente: criança, adolescente, adulto ou idoso.

Com esse olhar para o atendimento clínico, mesmo em situações não muito favoráveis ou facilitadoras do ambiente, existe a possibilidade de crescimento e maturação. Saúde psíquica relaciona-se com a possibilidade da criança de criar, no início, um vínculo de amor com a mãe e, gradativamente, com os diferentes níveis do que denominamos realidade.

Nos primeiros contatos com o psicoterapeuta, geralmente está presente na criança, no adolescente ou adulto, grande dose de confiança e de esperança de encontrar a necessitada compreensão para seu sofrimento, para a remoção dos obstáculos encontrados à sua possibilidade de desenvolvimento psíquico. E se isto acontece através da experiência terapeuta-paciente nas entrevistas iniciais, ou através de consultas terapêuticas, a confiança poderá tornar-se mais forte, auxiliando o paciente na crença de ter condições para trilhar o caminho necessário ou desejado a seu potencial de maturação.

Winnicott acreditava que o ser humano tem uma tendência integradora inata. A sustentação temporal de condições favoráveis à maturação psíquica realizada pelos pais e/ou pelo terapeuta possibilita ao paciente trilhar o caminho do contínuo processo de integração de seu *self*.

Levando-se em consideração os aspectos acima descritos, esse tipo de intervenção é um trabalho clínico baseado em Comunicação, Confiança e Esperança. A presença da esperança e da confiança no paciente, do encontro no ambiente, na relação psicoterapeuta-cliente, das condições e recursos necessários a seu desenvolvimento psíquico.

Da mesma maneira, a presença da esperança e confiança no terapeuta é fator central para o encontro de condições favoráveis à realização do processo psicoterápico. Nessa perspectiva, o olhar do clínico, de confiança no potencial de vida é diferencial dos mais importantes em qualquer intervenção psicoterápica realizada. O diálogo constituído pelo par psicoterapeuta-paciente é influenciado de maneira fundamental pela presença ou ausência desse olhar.

Nesse contexto clínico, com esse olhar de confiança em relação aos processos maturativos, temos assistido ao surgimento de vários tipos de intervenções psicoterápicas de duração limitada, ou as assim chamadas psicoterapias breves, psicoterapias de curta duração.

Winnicott (1965b/1982),[12] em seu artigo "Os objetivos do tratamento psicanalítico" (1962), afirma o seu gostar de fazer análise e ansiar por seu término. Afirmava como referencial de seu trabalho, em sua prática clínica, a necessidade do paciente. Quando é possível, a análise é feita, e quando não, é realizado outro tipo de trabalho.

Chegamos a um ponto importante: a necessidade do paciente, as possibilidades reais da realização de uma intervenção psicoterápica, levando-se em conta características de sua subjetividade e as condições da realidade objetiva. Esse é o aspecto central quando o tema é atendimento clínico em suas diferentes perspectivas.

Passado mais de um século dos primórdios da Psicanálise e com os progressos decorrentes da clínica psicoterápica, muitas mudanças ocorreram e muitos desafios surgiram e ainda surgem.

Em carta de Einstein a Freud, datada de julho de 1932, Einstein consulta Freud com a questão "por que a guerra?":

> É porque o homem encerra dentro de si um desejo de ódio e destruição? Em termos normais, essa paixão existe em estado latente, emerge apenas

12 WINNICOTT, D. W. "Os objetivos do tratamento psicanalítico". *In*: *O ambiente e os processos de maturação: Estudos sobre a teoria do desenvolvimento emocional*. Porto Alegre: Artes Médicas, 1982. (Trabalho original publicado em 1965b).

> em circunstâncias anormais; é, contudo, relativamente fácil despertá-la e elevá-la à potência de psicose coletiva. Um enigma que só um especialista na ciência dos instintos humanos pode resolver.
>
> É possível controlar a evolução da mente do homem, de modo a torná-lo à prova das psicoses do ódio e da destrutividade? (FREUD, 1932/1976, p. 243)[13]

Freud, diante da questão de Einstein, responde que a possibilidade de evitar a guerra se dá pelo amor e pela cultura. A possibilidade de o homem evitar a guerra tendo noção e conhecimento sobre seus horrores ocorre com o investimento de sua energia no trabalho construtivo, na participação de grupos sociais com os mais diferentes fins e nas mais diferentes áreas do conhecimento. O investimento na educação da população jovem, na formação de líderes que possam ter lugar de direção com valores éticos para salvaguardar a paz seria o caminho possível.

A pergunta de Einstein continua atual. A resposta de Freud também. E as novas investigações trazidas pela Psicanálise adicionam novas contribuições às indagações de Einstein, nos mais diferentes campos e lugares do viver. A psicologia hospitalar ganha lugar cada vez mais significativo quando falamos sobre busca e preservação da saúde. Assim também acontece no campo da psicologia jurídica e tantos outros.

A atualidade do cuidado nas investigações psicanalíticas nos coloca em contato com o sofrimento psíquico na dimensão do abandono. Abandono na confusão de línguas entre adultos e crianças como marcou Ferenczi, nas formulações da Falha Básica trazidas por Balint, nas questões da tendência antissocial e privação como nos assinalou Winnicott.

Com esse olhar, o encontro entre psicoterapeuta e cliente, entre o psicanalista e os mais diferentes grupos sociais, nos mais diferentes lugares e circunstâncias, sensível ao abandono e desamparo próprios do

---

13 FREUD, S. "Por que a guerra?". *In*: *Edição standard brasileira das obras psicológicas completas*. Rio de Janeiro: Imago, 1976. (Trabalho original publicado em 1932).

ser humano tem marcado presença. Através dos fenômenos culturais, da poesia, da literatura, da música, da psicoterapia psicanalítica, muitos trabalhos e pesquisas têm sido realizados buscando soluções no campo do atendimento clínico. A cultura, como dizia Freud, tem seu lugar na direção da paz. O olhar para a força dos efeitos vitalizantes que podem ter os fenômenos culturais, assim como o trabalho clínico particular ou institucional em psicanálise, nos coloca em concordância com os pioneiros nesse campo. Comunicação, confiança e esperança são palavras-chave nesse caminho.

Referências

CATAFESTA, I. F. M. "Potencialidade para a saúde ou algumas reflexões sobre a capacidade para a integração". *In*: CATAFESTA, I. F. M. (Org.). *D. W. Winnicott na Universidade de São Paulo*. São Paulo: Departamento de Psicologia Clínica do Instituto de Psicologia da Universidade de São Paulo, 1996, p. 131-142,

FREUD, S. "Los caminõs de la psicoterapia psicanalítica". *In*: *Obras Completas*. Madri: Biblioteca Nueva, 1973. (Trabalho original publicado em 1919).

______. "Por que a guerra?". *In*: *Edição standard brasileira das obras psicológicas completas*. Rio de Janeiro: Imago, 1976. (Trabalho original publicado em 1932).

MALAN, D. H. *Psicoterapia individual e ciência da psicodinâmica*. Porto Alegre: Artes Médicas, 1983. (Trabalho original publicado em 1979).

MEZAN, R. *Tempo de muda: Ensaios da psicanálise*. São Paulo: Companhia das Letras, 1998.

MOTTA, I. F. "A Psicanálise no século XXI: Um momento de reflexão". *In*: MOTTA, I. F. (Org.). *Psicanálise no século XXI: As Conferências Brasileiras de Robert Rodman*. Aparecida, SP: Ideias & Letras, 2006a, p. 285-294.

MOTTA, I. F. *Orientação de Pais: Novas Perspectivas no Desenvolvimento de Crianças e Adolescentes*. São Paulo: Casa do Psicólogo, 2006b.

______. "Psicoterapia psicanalítica na atualidade: Comunicação, Confiança e Esperança". *In*: SIMON, R.; YAMAMOTO, K.; LEVINZON, G. (Orgs.). *Novos Avanços em psicoterapia psicanalítica*. São Paulo: Zagodoni, 2016, p. 32-42.

SIMON, R. *Psicologia clínica preventiva*. São Paulo: E.P.U., 1989.

______. *Psicoterapia Breve Operacionalizada: Teoria e Técnica*. São Paulo: Casa do Psicólogo, 2005.

______. *Psicoterapia Psicanalítica: Concepção Original*. São Paulo: Casa do Psicólogo, 2010.

TRINCA, W. *Investigação Clínica da Personalidade: O Desenho Livre como Estímulo de Apercepção Temática*. Belo Horizonte: Interlivros, 1976.

WINNICOTT, D. W. *O Brincar e a Realidade*. Rio de Janeiro: Imago, 1975. (Trabalho original publicado em 1971).

______. "Aspectos Clínicos e metapsicológicos da regressão dentro do setting psicanalítico". *In*: *Textos Selecionados: Da Pediatria à Psicanálise*. Rio de Janeiro: F. Alves, 1978, p. 459-481. (Trabalho original publicado em 1954-5).

______. "Os objetivos do tratamento psicanalítico". *In*: *O ambiente e os processos de maturação: Estudos sobre a teoria do desenvolvimento emocional*. Porto Alegre: Artes Médicas, 1982. (Trabalho original publicado em 1965b).

Primeira parte
ESPERANÇA E CONTEXTOS DE SAÚDE

1. Cirurgia bariátrica: Esperança ou falsa esperança?

Pedro Belarmino Garrido;
Ivonise Fernandes da Motta

Introdução

As profundas transformações engendradas pela cultura contemporânea aumentaram a incidência de pessoas que sofrem de Transtorno de Ansiedade, Depressão, Depressão associada a suicídio, Transtorno de Déficit de Atenção e Hiperatividade, Síndrome de *Burnout*, Síndrome do Pânico, Toxicomania, entre outras patologias.[1] No meio desse cenário também se observa o aumento de pessoas que sofrem com o acúmulo de peso,[2] sendo que parte destas ganham tanto peso que passam a pertencer a um grupo definido pela medicina como *paciente obeso mórbido.*

A gravidade do quadro de Obesidade Mórbida implica situações de adoecimento associadas ao desenvolvimento de Hipertensão, Diabetes, Esteatose Hepática, Dislipidemia, Apneia do Sono, Câncer, doenças cardiovasculares, problemas ortopédicos graves, etc., por isso a denominação

1 Segundo a Organização Mundial de Saúde (OMS), o número de pessoas com Transtornos de Ansiedade era de 264 milhões em 2015, com um aumento de 14,9% em relação a 2005; e a prevalência de Depressão na população aumentou 18,4% de 2005 a 2015, afetando 322 milhões de pessoas no mundo. Em relação à taxa de suicídio nos Estados Unidos, houve crescimento de 33% de 1999 a 2017, segundo o *US Centers for Disease Control and Prevention* (é o maior índice desde a Segunda Guerra Mundial).

2 No Brasil, o Ministério da Saúde divulgou dados que revelam o aumento da obesidade no país: a prevalência da doença passou de 11,8%, em 2006, para 18,9%, em 2016.

Obesidade Mórbida. Trata-se de uma doença desencadeada por múltiplos fatores interrelacionados: hormonais, hereditários, psíquicos, nutricionais e sociais, e implica em risco de vida iminente. Em função dessa situação, é indicado tratamento cirúrgico para esses pacientes, já que este oferece melhores resultados em relação a tratamentos clínicos no que diz respeito à diminuição da mortalidade e aumento da estimativa de vida.[3]

Além dos problemas médicos citados, as pessoas que estão muito acima do peso também sofrem porque não conseguem cortar as unhas do pé, amarrar os sapatos, às vezes apresentam dificuldades para realizar a higiene pessoal por não conseguirem alcançar suas partes íntimas, além de todo desconforto social em função de não passarem na catraca do ônibus, não caberem em assentos no metrô ou cinema, por não conseguirem encontrar vestimentas em que possam se sentir razoavelmente elegantes e, claro, por estarem completamente fora dos padrões de beleza determinados pela cultura.

Em função principalmente das questões médicas, essas pessoas depositam na cirurgia bariátrica uma esperança de melhoria de qualidade de vida que é verdadeiramente cumprida na medida em que perdem peso. O tratamento cirúrgico de obesidade promove perda significativa de peso e melhorias significativas em doenças cardiovasculares e metabólicas gravíssimas: pesquisas revelam um melhor controle da Dislipidemia e Hipertensão, controle e eliminação de Diabetes tipo II e redução de morte por doenças cardiovasculares em longo prazo. Além da significativa melhora de doenças gravíssimas, pessoas obesas que sofrem de deficiência respiratória, artrose ou atrite, incontinência urinária e irregularidade menstrual apresentam melhora ou cura da sintomatologia.

Porém, é importante ressaltarmos que essa esperança pode se revelar falsa se não considerarmos os determinantes psicológicos que contribuíram

3 SJÖSTRÖM, L. "Review of the key results from the Swedish Obese Subjects (SOS) trial – a prospective controlled intervencion study of bariatric surgery". *Journal of Internal Medicine*, 273 (3): 219-134, 19 nov. 2012. Doi: 10.1111/joim.12012.

para o ganho de peso de certos pacientes. Nem sempre os determinantes psicológicos como a Compulsão Alimentar e Transtorno de Ansiedade associado à ingestão não equilibrada de alimentos estão presentes no quadro da Obesidade Mórbida. Sendo uma doença multifatorial, aspectos hereditários, hormonais e sociais podem ser mais significativos na formação do quadro do que os psicológicos. Portanto, para aqueles que apresentarem determinantes psicológicos na constituição do quadro de obesidade mórbida, a esperança de readquirir a saúde se revelará falsa se o cuidado com a saúde mental for negligenciado. Se aquilo que foi engolido não encontrar um veículo de contenção psicológica, a pessoa fica vulnerável a se reencontrar com a obesidade novamente: de cada dez pessoas operadas, entre uma e duas voltam a ganhar peso de forma significativa entre cinco e dez anos de pós-cirúrgico (TINOCO; EL KADRE, 2012).

Além da recidiva (quando o paciente volta a ser obeso mórbido), há casos pontuais de pacientes que passaram a ingerir bebida alcoólica em excesso tornando-se alcoólatras[4] (BLACKBURN *et al.*, 2017). É relevante destacar também que a dificuldade desses pacientes específicos, que tinham como um dos determinantes principais na constituição do quadro de obesidade mórbida o determinante psicológico, pode aparecer de formas não tão evidentes no que diz respeito à correlação entre um estado primeiro (ingestão excessiva e/ou desequilibrada de alimento) e um estado psicológico segundo não saudável. Considerando a dificuldade desses pacientes específicos de dar conta do excesso de ansiedade ou excitabilidade que atravessa o aparelho psíquico, podemos observar pacientes que, após o período de adaptação no pós-operatório, passam a redirecionar a descarga de tensão do aparelho psíquico do alimento para relacionamentos íntimos e profissionais. Esse redirecionamento muitas vezes se efetiva de forma

4 Fazemos referência aos pacientes que não ingeriam bebida alcoólica em grande quantidade antes da cirurgia bariátrica. Aqueles que fazem uso excessivo de álcool ou que já apresentam um quadro de alcoolismo bem definido não devem ser operados num primeiro momento. Uma das funções da avaliação psicológica antes da realização da cirurgia é justamente identificar esse tipo de situação e indicar tratamento psicológico e/ou psiquiátrico por período indeterminado (até resolver a problemática com o álcool) e, então, realizar a cirurgia bariátrica.

bruta e agressiva – na linguagem popular costumamos dizer "fulano estourou", "beltrana explodiu". Como extensão desse raciocínio, recebemos também pacientes operados na clínica que não iniciaram o tratamento psicológico inicialmente, como recomendado pela equipe, com Síndrome do Pânico e Síndrome de *Burnout*, o que justifica e dá valor às iniciativas das equipes multidisciplinares de cirurgia bariátrica de integrar o trabalho de psicólogos e psiquiatras no acompanhamento desses pacientes.

Portanto, uma avaliação psicológica anterior à cirurgia bariátrica é fundamental para identificar o nível de vulnerabilidade psíquica do paciente à possibilidade de voltar a estados mórbidos preocupantes, capazes de promover prejuízos significativos físicos e/ou mentais.[5] Uma vez identificado o estado de vulnerabilidade psicológica, a função da equipe multiprofissional como um todo é indicar tratamento psicológico e/ou psiquiátrico para esse paciente. Comumente o tratamento psicológico se inicia pouco antes da cirurgia: em função da gravidade das morbidezes médicas associadas à obesidade, na maioria dos casos não faz sentido o prolongamento do trabalho com o psicólogo antes da cirurgia bariátrica.

Desenvolvimento da questão: como se insere a psicanálise nesse contexto de esperança e falsa esperança?

Sobre a psicanálise, o que se pode dizer, antes de tudo, é que pode-se considerar a existência de um saber no sintoma. O discurso freudiano desde os seus primórdios considerou o sintoma como um enigma, em que o sujeito diz alguma coisa sobre o que lhe ocorre, mas o faz de forma indireta e velada (BIRMAN, 1994).

Freud, inclusive, no início de seu trabalho, dizia que as histéricas sofriam de reminiscências: não podendo lembrar, elas construíam um sintoma no corpo. O que estava velado eram representações psíquicas.

5 A avaliação psicológica que se realiza em função da demanda de cirurgia bariátrica apresenta algumas funções, das quais destaca-se a função aqui descrita, que consideramos a mais importante.

Com isso, ele queria dizer que o sofrimento histérico e seus sintomas associados provinham, sobretudo, da lembrança de um acontecimento traumático associado ao afeto. Portanto, a lesão da histérica não era neurológica ou fisiológica, e sim na associabilidade (carga, afeto), o que implica a fala e o conceito de inconsciente.

O pressuposto básico implica a ideia de que há uma representação psíquica ou um conjunto de representações psíquicas patogênicas dissociado de representações que tenham acesso livre à consciência do sujeito. Essas representações psíquicas ficam dissociadas; porém, o afeto a elas associado ganha nova forma de expressão: converge para o corpo, na criação de um sintoma. É como se fosse uma troca: uma conversão física que impõe ao sujeito um sofrimento de ordem física e não psíquica, como se o sofrimento físico camuflasse o psíquico, como se o primeiro fosse mais suportável que o segundo.

No que diz respeito às questões da Obesidade Mórbida, especificamente em relação aos pacientes que sofrem de Compulsão Alimentar (CA) e Transtorno de Ansiedade (TA), vale a pena analisarmos o conceito de pulsão de morte desenvolvido por Freud. Em *Além do princípio do prazer* (1920), Freud desenvolve seu conceito de pulsão, apontando para a existência de um dualismo pulsional (pulsão de vida e pulsão de morte). De forma simples e coesa poderíamos dizer que a pulsão se refere a uma quantidade de energia (Q) que gera tensão. Ao atravessar o aparelho psíquico a pulsão busca descarregar ou dissipar a tensão. A descarga de tensão pode se dar de duas formas: 1- com gasto de energia para efetivar ligações com representações psíquicas (lembranças, traços mnêmicos, símbolos); 2- com gasto de energia através de ações motoras (comer, beber, correr) ou através de formações psicossomáticas, nesses casos não se efetivam ligações com representações psíquicas.

A pulsão de vida se caracteriza pelo formato 1; e a pulsão de morte, pelo formato 2. Portanto, quando Freud sustenta a predominância da pulsão de morte em casos de compulsão, ele quer dizer que a descarga de tensão ou excitabilidade se efetiva sem ligação com qualquer representação psíquica. Segundo ele, a regulagem das tensões no aparelho psíquico exige a descarga. O trabalho psicanalítico impõe à pulsão a necessidade de ligação a uma representação psíquica ou a um conjunto de representações psíquicas, que ocorre no próprio ato da fala. Foi seguindo o fio lógico presente na fala dos pacientes que o método de Freud ficou conhecido como *talking cure* (a cura pela fala). Ou seja, através da construção de ligas simbólicas, o aparelho psíquico gasta energia produzindo sentido (pulsão de vida) e não dissipando tensão de maneira impulsiva e desordenada (pulsão de morte).

É interessante como o pressuposto pulsional de Freud associado às psicopatologias atuais acabou por desencadear uma rica discussão com sua histórica obra, que se fundamentou na metapsicologia do recalcamento, e, portanto, do sintoma. Segundo Riva Schwartzman, psicanalista contemporânea, as novas patologias (Transtornos Alimentares, Transtorno de Ansiedade, Síndrome do Pânico, Toxicomania, Depressão, etc.) se apresentam como transtorno e não como sintoma. Nos transtornos, o destino da pulsão está aquém da possibilidade de construção representativa, denunciando em todas as patologias nas quais predomina o empobrecimento do aparelho psíquico ou uma insuficiência de lidar com um excesso de tensão gerado por experiências de intenso sofrimento psíquico.

Pensando nas contribuições de Melanie Klein,[6] sustentamos a compreensão sobre um funcionamento psíquico que, em um estado de insuficiência para lidar com as vicissitudes da vida, liberta o aparelho psíquico do excesso de ansiedade, promovendo cisões e projeções. Como consequência, as diversas redes de afetos que nos constituem

6 Psicanalista que se destacou na década de 1920 realizando psicanálise em crianças e publicou grande produção psicanalítica até o final de sua vida, em 1960. Destacamos quatro artigos de Klein: "A importância da formação do símbolo no desenvolvimento do ego" (1930), "Uma contribuição à psicogênese dos estados maníaco-depressivo" (1935), "Notas sobre alguns mecanismos esquizoides" (1946) e "Inveja e Gratidão" (1957).

ficam desconectadas umas das outras e a capacidade de criar símbolos fica empobrecida (CINTRA; RIBEIRO, 2018).

E qual seria, então, a relação entre a esperança e capacidade de criar símbolos?

Bem, iniciemos o desenvolvimento dessa questão com a origem do que chamamos vida. Apesar de as pesquisas científicas na área de psicologia apontarem para a existência da vida intrauterina, partimos do pressuposto de que ao sair de dentro da barriga da mãe o bebê se depara com uma situação nova, que chamaremos de vida.[7] Dentre as diversas situações de estímulo apresentadas para o bebê surge uma situação específica que se cria: a relação desse eu-bebê com aquilo que chamamos mãe, mas que num primeiro momento é algo que se presentifica, ausenta-se, que nutre, acolhe e assusta. Assusta no sentido de que rompe com um estado primeiro de realização e nisso promove um mal-estar, que é o que chamamos de um eu, mas que se configura inicialmente como um mal--estar gerado justamente pela experiência de não satisfação. A origem do psiquismo está justamente associada a esse universo primitivo, originário, que exige uma organização desse eu primitivo.

Se pudéssemos acessar a mente desse eu-bebê e nomear sua experiência emocional no momento em que se depara com a não realização (frustração), nos aproximaríamos da *fúria*. E a fúria é dirigida para fora do eu, em direção a essa mãe que, se estiver em um estado psíquico saudável, é capaz de conter a agressividade do bebê acolhendo e emitindo diferentes sons para cada mal-estar vivido, assim como para cada experiência de excitação que provenha dessa relação do eu com o ambiente. Como esse eu primitivo ainda não pode se reconhecer como um eu em separado da

7 Segundo D. W. Winnicott, ao final dos nove meses de gravidez o bebê torna-se maduro para o desenvolvimento emocional. Se o bebê é pós-maduro, ele atinge esse estágio vital ainda no útero, exigindo que consideremos seus sentimentos antes e durante o nascimento. Analogamente, os bebês prematuros, apesar de pertencerem ao estado que chamamos de vida, considerando o critério *nascimento*, não estão ainda fisicamente aptos para o desenvolvimento emocional; portanto, compreendemos a ausência de uma dimensão vital nesta circunstância específica (WINNICOTT, 1945).

mãe, isso que parte do eu e apresenta uma qualidade destrutiva (fúria) em função da frustração vivida passa a ser a característica mais marcante da mãe (não eu). Em fantasia o bebê organiza sua compreensão mental da experiência vivida dessa forma: a mãe se torna uma espécie de bruxa má que irá devorá-lo com a mesma característica cruel de sua fúria sádica inicial. O verbo *devorar* é utilizado para sinalizar que estamos no campo da oralidade: a intimidade da troca relacional entre o bebê e a mãe se dá nessa travessia do leite materno: do seio da mãe à boca do bebê. Quando tudo parece temível e persecutório, caótico e desértico, eis que surge, surpreendentemente, da desesperança e da fúria, uma outra qualidade circunscrita nesse local de travessia do leite: a experiência de gratificação, satisfação e prazer. Ah! Ufa! Então no mundo também temos um mar de rosas, uma luz no fim do túnel, a esperança de que podemos superar o horror cruel da indigesta e infindável frustração!

Nesse modelo de organização mental primitiva, originária, temos um mundo, que na mente do eu primitivo é a mãe boa, que se apresenta como boa e gratificante; e a mãe má, um mundo cruel, sádico e devorador. Portanto, temos uma primeira organização de mundo que é confirmada e redemarcada com as sucessivas experiências de gratificação e frustração.

A mãe é capaz de influenciar nessa organização, evidentemente. Uma mãe que, ao lidar com o choro perturbador do filho, apresentar de forma ansiosa o alimento, pode mais atrapalhar do que ajudar, porque o bebê sentirá a ansiedade da mãe e isso intensifica seu mal-estar em vez de diminuir. A capacidade da mãe de suportar o mal-estar do bebê e intuitivamente estar à disposição para que o bebê possa criar novamente um estado de relação gratificante, potencializa um estado de esperança e confiança, reafirmando a crença no bom.

Para Klein, quando se estabelece na fantasia do bebê a constatação da existência do objeto bom, da existência da generosidade intrínseca à gratificação vivida na relação com o seio, este passa a ser "instintivamente sentido como sendo a fonte de nutrição e, portanto, num sentido mais profundo, da própria vida. Essa proximidade física e mental com o seio gratificador em certa medida restaura, se tudo corre bem, a perdida unidade pré-natal com a mãe e o sentido de segurança que a acompanha" (KLEIN, 1957, p. 210). E isso favorece o início de processos de integração, ou seja, processos mentais mais desenvolvidos. Conforme o bebê vive as sucessivas experiências de frustração e gratificação, como descrito, ele projeta (projeção) no não eu o mal-estar associado à fúria, toma para si (introjeção) a característica de generosidade da experiência terna vivida com a mãe, e dessa forma cria um mundo mental próprio em que o eu e o não eu apresentam características misturadas ou trocadas. Tal mistura vai, na continuidade desse processo de projeção e introjeção, desfazendo-se e o eu passa a apreender as experiências da vida de uma maneira mais fidedigna em relação à realidade. Surge, portanto, um momento em que se constata o firme estabelecimento do objeto bom no núcleo do ego do eu-bebê, o que permite que lentamente o aspecto destrutivo se amenize e surja a oportunidade do objeto ser apreendido não de forma cindida (seio bom e seio mau; ou mãe boa e mãe má[8]), mas de forma total e integrada. Isso implica a percepção de que a mãe que cuida e é generosa é a mesma que falha. Associado a isso o eu se percebe enquanto tal, como um ser diferente do não eu, e inaugura uma experiência emocional mais madura: de preocupação e cuidado com o objeto amado. Melanie Klein nomeia esse estado mais maduro de *posição depressiva*.[9]

Retomando os parágrafos anteriores pela perspectiva da esperança, é curioso como o termo *hope* (esperança) aparece com frequência no texto

8 Klein propõe o conceito *seio bom* ou *mau* para designar um estágio do desenvolvimento em que distinção entre eu/não eu, ou seja, a diferenciação entre bebê e mãe ou entre sujeito e objeto, ainda não está clara o bastante. Nesse momento do desenvolvimento os objetos são assimilados de forma parcial e não de forma total e integrada. Sendo assim, o conceito *seio bom* ou *mau* contém a noção de objeto parcial e aborda um ponto específico da relação da criança com a mãe.

9 Para aqueles que não estão familiarizados com a terminologia kleiniana, é estranho pensar o uso da palavra *depressão* para denominar um estado ou posição mental mais amadurecido. Donald Winnicott, psicanalista e grande conhecedor da obra de Klein, entendia que o uso da expressão *estágio de concernimento* seria mais adequado em relação à expressão *posição depressiva*, escolhida por Klein (LOPARIC, 1997).

Envy and Gratitute (Inveja e Gratidão), uma das últimas publicações de Melanie Klein antes de sua morte, e certamente uma das mais relevantes de toda sua obra. Nesse trabalho ela usa a palavra *hope* em momentos distintos na constituição do nosso aparelho psíquico simbólico. Num primeiro momento, num estágio primitivo, claramente anterior à nítida discriminação entre o eu e o não eu, a esperança aparece associada a um certo sentimento de crença e confiança no bom, correlaciona-se ao processo de estabelecimento do objeto bom no núcleo do ego. Pensamos que é um momento um pouco anterior à consolidação da posição depressiva. Para Klein, a observação oriunda da análise dos pacientes permite afirmar que o seio, em seu aspecto bom, "é o protótipo da 'bondade' materna, de paciência e generosidade inexauríveis, bem como de criatividade. São essas fantasias e necessidades pulsionais que de tal modo enriquecem o objeto originário que ele permanece como a base da esperança, da confiança e da crença no bom" (KLEIN, 1957, p. 211). E, em outro momento, Klein coloca a esperança como sendo um produto da integração do seio mau e do seio bom: partindo de uma situação cindida inicial em que a maldade e a destrutividade ficam projetadas nesse objeto parcial (seio mau), o bebê passa a perceber que aquela que gratifica, cuida, ama e apoia é a mesma que frustra, que se ausenta. Nesse momento, o objeto se constitui de forma integrada e surge o sentimento de culpa e de preocupação em função da constatação de que a destrutividade parte desse eu em direção ao objeto. Assim, todos os aspectos reparatórios característicos da culpa depressiva aparecem a partir dessa experiência: "Esse *insight*, como podemos ver na situação transferencial, dá origem a uma grande dor psíquica e culpa quando a posição depressiva está em seu ápice" (KLEIN, 1957, p. 228). E para contrabalancear a culpa depressiva, Klein aponta para o surgimento de sensações de alívio e para o aparecimento da esperança: "o *insight* também acarreta sensações de alívio e esperança, as quais, por sua vez, tornam menos difícil reunir os dois aspectos do objeto e do *self* e elaborar a posição depressiva" (KLEIN,

1957, p. 228). Ou seja, com o desenvolvimento da posição depressiva, a esperança se torna o produto de um conhecimento inconsciente de que o objeto interno e externo não é tão mau quanto parecia ser em seus aspectos cindidos e projetivos. Evidentemente que falamos de um cenário benéfico e acolhedor promovido pela mãe e seu entorno. De outra maneira, considerando um ambiente em que o desamor e a falta de cuidado imperam, o processo de integração e desenvolvimento simbólico sofreriam abalos.

Portanto, em Klein, a concepção de esperança apresenta qualidades ligeiramente distintas, mas que caminham na mesma direção: na direção da formação simbólica, da constituição do símbolo e da palavra. Está na direção do sentido, do ganho em significação; oposta, como o norte em relação ao sul, em relação ao caminho compulsivo e desordenado da sucção, mastigação e deglutição. Eis a conclusão metabolizada por uma paciente que realizou a cirurgia bariátrica e que após meses de atendimento interroga o analista sobre a razão pela qual não se conversava nas sessões sobre o que se comia ou deixava de comer, sendo que a paciente havia procurado o profissional justamente porque era especialista em Compulsão Alimentar: *o que se fala, não se engole.*

O que se fala está inserido no registro simbólico e diz respeito àquilo que se sonha, às lembranças rememoradas e à narrativa das experiências da vida; já o que se engole de forma compulsiva e desordenada carece de sentido e revela um veículo de comunicação pré-verbal repleto de cisões e projeções.

Para Melanie Klein, o psiquismo humano normal oscila entre estados mais integrados (posição depressiva) e estados de não integração (posição esquizo-paranoide), em que se observa a presença dos mecanismos de projeção e cisão. O pressuposto básico dos processos psicanalíticos envolve o desenvolvimento de um aparelho psíquico que se organiza essencialmente de forma integrada, oferecendo amplos ganhos simbólicos ao paciente e, nesse sentido, minimizando a sua vulnerabilidade em relação à ação da pulsão de morte e suas manifestações compulsivas (Freud), e à ação dos mecanismos de projeção e cisão (Klein).

Considerando as obras de Freud e Klein, entendemos que a posição depressiva é o ponto de maior aproximação com o campo de funcionamento mental que Freud nomeava de representacional. A representação psíquica só pode ser inscrita no aparelho psíquico quando a organização mental constrói uma relação objetal com um objeto total e integrado. Como consequência observamos a diminuição do nível de ansiedade e a abertura de um campo psíquico favorável ao desenvolvimento simbólico propriamente dito. Nesse sentido, poderíamos sintetizar e integrar a concepção kleiniana de esperança com a representação psíquica freudiana com a seguinte metáfora: a esperança, num primeiro momento (anterior à posição depressiva), torna-se a linha de costura para se tecer a representação psíquica; e esta, a representação psíquica, faz-se, num segundo momento (com a consolidação da posição depressiva), tecido simbólico da esperança. E assim, como resultado do processo analítico, não se engole aquilo que é tecido simbolicamente.

Conclusão

Fechando o ciclo de pensamento e articulando o saber desenvolvido acima sobre o paciente obeso mórbido que busca cirurgia de perda de peso e que sofre de Compulsão Alimentar ou de Transtorno de Ansiedade, podemos dizer que o excesso de ansiedade no aparelho psíquico interfere na capacidade pensante a tal ponto que o paciente fica impossibilitado de construir sentido em relação a experiências de vida. Dessa forma, o aparelho psíquico promove cisões e projeções que interferem negativamente em sua organização, gerando um estado de insuficiência simbólica e tornando o paciente vulnerável à manutenção de uma lógica que poderá levá-lo novamente ao estado de obesidade após a perda de peso inicial promovida pela intervenção cirúrgica. Se após a realização da cirurgia de obesidade não houver um tratamento psicológico que desenvolva o processo de integração e formação simbólica, a esperança primeira que envolvia o resgate da saúde do paciente pode se revelar falsa.

Referências

BLACKBURN, A. N.; HAJNAL, A.; LEGGIO, L. 2017. "The Gut in the Brain: The Effects of Bariatric Surgery on Alcohol Consumption". *Addict Biol.*, 22 (6): 1540-1553, nov. 2017. doi: 10.1111/adb.12436

CINTRA, E. M. U.; RIBEIRO, M. F. R. *Por que Klein?*. 1. ed. São Paulo: Zagodoni, 2018.

FREUD, S. "As pulsões e suas vicissitudes". *In*: *Obras completas de Sigmund Freud.* Vol. XII. Rio de Janeiro: Imago, 1990/1996.

______. "Além do princípio do prazer". *In*: *Obras completas de Sigmund Freud.* Vol. XVIII. Rio de Janeiro: Imago, 1920/1996.

GARRIDO, P. B.; ABDALA, F. H. "Transtornos alimentares na visão psicanalítica". *In*: PAYÁ, Roberta. (Org.). *Intercâmbio das psicoterapias: Como cada abordagem psicoterapêutica compreende os transtornos psiquiátricos.* 2. ed. Rio de Janeiro: Roca, 2011/2017.

KLEIN, M. "A importância da formação de símbolos no desenvolvimento do ego". *In: Amor, culpa e reparação.* Rio de Janeiro: Imago, 1930/1996.

______. "Estágios iniciais do conflito edipiano e da formação do superego". *In*: *A psicanálise de crianças.* Rio de Janeiro: Imago, 1932/1997.

______. "Uma contribuição à psicogênese dos estados maníacos-depressivos". *In*: *Amor, culpa e reparação.* Rio de Janeiro: Imago, 1935/1996.

______. "Notas sobre alguns mecanismos esquizoides". *In*: *Inveja e gratidão e outros trabalhos (1946-1963).* Rio de Janeiro: Imago, 1946/1991.

______. "Sobre a identificação". *In: Inveja e gratidão e outros trabalhos (1946-1963).* Rio de Janeiro: Imago, 1955/1991.

______. "Inveja e Gratidão". *In*: *Inveja e gratidão e outros trabalhos (1946-1963).* Rio de Janeiro: Imago, 1991.

LOPARIC, Z. "Winnicott e Melanie Klein: Conflito de Paradigmas". *In*: CATAFESTA, Ivonise Fernandes da Motta. (Org.). *A clínica e a pesquisa no final do século: Winnicott e a universidade*. São Paulo: Lemos Editorial, 1997.

MOTTA, I. F. da. *A capacidade para a esperança*. São Paulo: Instituto de Psicologia, Universidade de São Paulo, 2017, 116 p. (Tese de Livre Docência).

SCHWARTZMAN, R. S. "O conceito de recalcamento e a busca de uma metapsicologia para as novas patologias". *In*: CARDOSO, Marta Rezende. *Limites*. São Paulo: Escuta, 2004.

TINOCO, A. C. A.; EL KADRE, L. "Como explicar a perda de peso nas diferentes técnicas de cirurgia bariátrica". *Cirurgia bariátrica e metabólica: Abordagem multidisciplinar*. 1. ed. São Paulo: Atheneu, 2012, p. 199-202.

WINNICOTT, D.W. "O desenvolvimento emocional primitivo (1945)". *In*: *Da pediatria à psicanálise: Obras escolhidas*. Rio de Janeiro: Imago, 2000.

______. *Natureza humana*. Rio de Janeiro: Imago, 1990.

2. O (re)nascimento da esperança no adoecimento por câncer de mama

Nirã dos Santos Valentim

[...] Pois para isso fomos feitos:
Para a esperança no milagre
Para a participação da poesia
Para ver a face da morte –
De repente nunca mais esperaremos...
Hoje a noite é jovem; da morte, apenas
Nascemos, imensamente.
(Vinicius de Moraes, "Poema de Natal", 1946, p. 47)

Falar sobre esperança no contexto de uma doença ainda tão temida quanto o câncer pode parecer paradoxal. Como ter esperança diante de um diagnóstico que no imaginário social está associado à morte? Para discutir este tema, pretendemos, neste capítulo, levantar reflexões sob a ótica kleiniana sobre o adoecer e suas implicações no renascimento da esperança, diante do diagnóstico e tratamento do câncer de mama.

Sabe-se que o adoecimento por câncer de mama se trata de uma experiência difícil para as mulheres, pois envolve receber a notícia de uma doença grave e imediatamente precisar aderir ao tratamento. Muito embora esse início imediato dos procedimentos objetivem a diminuição do desenvolvimento dos tumores e a proteção dos demais órgãos de possíveis metástases, a paciente ainda está sob o efeito impactante do diagnóstico, causador de dor, sofrimento e incertezas.

Sob este ponto de vista, a adesão ao tratamento e a permanência nele são urgentes, mas demandam um entendimento mínimo possível das pacientes, sobre sua situação e encaminhamentos médicos. Mecanismos psíquicos se manifestam nesse momento nas pacientes apesar da necessidade de engajamento aos tratamentos, que embora pareça óbvio neste cenário, nos parece bem distante da obviedade.

Começamos pelos tratamentos possíveis. As indicações de tratamento para o câncer de mama dependem das características de cada caso e de avaliação médica. Mas, há um protocolo de procedimentos que pode ser recomendado a depender do quadro oncológico. Embora não possamos nos estender muito nas questões específicas, faz sentido localizá-los para contextualizar essa realidade: cirurgia de mastectomia parcial e conservadora quando ocorre a retirada do quadrante da mama onde se localiza o tumor, ou a mastectomia total e radical quando toda a mama precisa ser retirada. Pode haver também a necessidade da retirada de gânglios na axila, numa cirurgia denominada linfadenectomia, bem como a prescrição de quimioterapia e radioterapia. A hormonioterapia, realizada em grande parte dos casos, costuma ter indicação durante cinco anos com medicação diária via oral. Em todo o período a partir do diagnóstico e enquanto durar o tratamento, serão necessários exames e consultas médicas para acompanhar a evolução do tumor, como também para verificar riscos de metástases. Dependendo das características e grau de estadiamento da doença outros tratamentos podem ser recomendados.

Sabe-se que este contexto é provocador de um esgotamento físico e mental bastante importante. Pesquisas mostram a presença de sintomas de depressão e ansiedade nas pacientes com câncer de mama, além de índices de qualidade de vida mais prejudicados. A grande maioria de estudos voltados ao câncer de mama são realizados focando a avaliação psicológica associada a sintomas de depressão e ansiedade ou avaliação neuropsicológica. Um número muito menor de estudos objetiva as intervenções psicológicas. Entendemos a importância de todos os estudos nesta área, mas neste texto, tomamos a decisão de não ir nesta direção, esperando que para além destes e de outros diagnósticos de saúde mental que estas mulheres possam receber, faz-se necessário compreender um sofrimento psíquico legítimo envolvido neste momento, do qual as intervenções psicológicas podem e devem se ocupar.

Neste sentido, alguns aspectos psicológicos importantes podem ser levantados: o sofrimento de vivenciar o impacto das informações sobre seu diagnóstico e os tratamentos (im)possíveis, a aceitação (ou não) de estar com uma doença grave, conviver com o medo do desconhecido, daquilo que está por vir, não só em relação aos procedimentos médicos que desconhece, como também, em relação ao recebimento de novas notícias difíceis, a tristeza de vivenciar essa situação, além da sensação de que a morte está mais perto do que jamais esteve. Tudo isso leva as pacientes ao enfrentamento de um desafio diário, um estado de permanente tensão.

As estimativas contribuem para esta reação das pacientes, uma vez que o tratamento é árduo e o número de mulheres diagnosticadas com câncer de mama é expressivo. De acordo com o Instituto Nacional de Câncer (INCA), no Brasil teremos 66.280 novos casos de câncer de mama para cada ano entre 2020 e 2022. Esse número corresponde a 25% de mulheres diagnosticadas com todos os tipos de câncer. Em 2017, 16.724 mulheres morreram da doença (Brasil, 2019).

No entanto, neste cenário de duras estatísticas, e provavelmente motivados por elas, surgiram novas tecnologias farmacológicas, de equipamentos e procedimentos que tendo evoluído muito, promoveram tratamentos cada vez mais eficazes. Esta recente evolução nos direciona para uma nova realidade no cenário oncológico, que diz respeito a um número maior de sobreviventes de câncer de mama nas últimas décadas, o que contribui para a crença muito atual de que se pode vencer um câncer de mama.

Rocha (2006, p. 259) nos leva a refletir que a esperança só é possível na falta, "a esperança só se concebe enquanto sustenta o desejo de ir na direção de um objeto que não se tem". Aproveitamos esta ideia para pensar que a adesão das pacientes a todas as oportunidades de tratamento oncológico à sua disposição e a submissão a todos os procedimentos necessários revela que estão em busca de algo que, de fato, ainda não têm, mas que seria seu maior objeto de desejo: a remissão, a cura e a possibilidade de ser uma sobrevivente.

Retomando as ideias de Melaine Klein para buscar uma compreensão psicanalítica sobre a esperança, podemos pensar que a esperança descoberta na infância, durante a posição depressiva, seria perdida temporariamente com o diagnóstico, num processo regressivo, podendo ser revertido quando há condições psíquicas de desenvolvimento adequadas movidas pelo amor à vida e pelo desejo de recuperação, conforme afirma abaixo:

> A meu ver, uma integração completa e permanente nunca é possível; isso porque, sob pressão de fontes externas ou internas, até mesmo pessoas bem integradas podem ser levadas a processos de cisão mais intensos, embora isso possa ser uma fase passageira (KLEIN, 1991/1963, p. 266).

O adoecimento provoca impactos importantes principalmente relacionados ao desamparo que deflagra. Nossa experiência como pesquisadora com mulheres com câncer de mama e em tratamento oncológico mostra um contexto de várias perdas que são vivenciadas a partir do diagnóstico e que precisam ser consideradas, pois têm implicações reais na vida diária da paciente.

Estes aspectos reais estão sempre acompanhados de significados simbólicos e subjetivos para estas pacientes, e com grande frequência são provocadores de angústia relacionada às perdas vivenciadas em todo o processo de adoecimento e tratamento. Podemos pensar na perda da saúde e com ela a perda da fantasia na própria imortalidade; a perda da mama toda ou de parte dela e a perda do cabelo (quando há a necessidade da quimioterapia) que, por serem símbolos de feminilidade, associam-se ao medo da perda de quem se é, de ser mulher, e da própria sensualidade que tem impacto direto na sexualidade feminina, causando sofrimento. São feridas narcísicas no registro simbólico do próprio corpo e que, em muitos casos, deflagram uma vivência de luto pelo corpo mutilado, pelos aspectos femininos modificados, por sua essência que se torna ameaçada (Valentim, 2015).

Outra importante perda, causadora de angústia, é aquela relacionada à autonomia, à possibilidade de decidir sobre si mesma. O diagnóstico de câncer de mama e todos os seus desdobramentos demonstram a impossibilidade da mulher em ter algum controle sobre seu próprio corpo e sobre os procedimentos que incidirão sobre ele.

A partir de então, vivencia-se um desamparo, por perceber-se mortal, frágil, impotente diante da doença e até mesmo diante de um tratamento com conotações ameaçadoras por ser desconhecido. E é o próprio desamparo (re)vivenciado nesse momento que, a nosso ver, possibilita que o resgate da esperança seja possível, pois estaria diretamente ligado ao movimento de reparação, como um retorno à posição depressiva.

Klein (1991/1963) defende que o bebê fica permeado, em alguns momentos de insatisfação, pela ansiedade persecutória. A fantasia nesta fase é de que haveria partes ruins tanto no Eu – que para a autora já existiria naquela fase, embora ainda de forma desintegrada e desorganizada –, quanto no objeto, neste caso a mãe/seio. Estes processos primitivos do desenvolvimento psíquico são permeados pela fantasia inconsciente de que os conteúdos ruins possam destruir o bom objeto.

Consideramos então que o câncer de mama possa assumir conotações como um perseguidor na fantasia inconsciente, que toma e ataca o seio da mulher; seio este que detém conotações simbólicas de afeto e amor, pois além de ter significados de nutrição e cuidado, também recebem, mais tarde, representações do feminino. Sentimentos de persecutoriedade vêm à tona: o câncer é representado como se fosse um "fantasma", algo que não se vê, mas que dentro do seio a assusta e a persegue. O próprio tratamento, muitas vezes, é significado como um "veneno", devido aos efeitos colaterais difíceis de compreender, que alimentam a fantasia de que está havendo uma piora no adoecimento. Outras representações do câncer que o ligam à morte, um perseguidor que não deve nem ser nomeado ao referir-se a ele como uma "doença silenciosa" ou "aquela doença" (Valentim, 2015).

Podemos compreender, a partir destas reflexões, que os sentimentos de persecutoriedade em relação ao câncer que instalam o desamparo no Eu coadunam com os sentimentos de culpa onipotente por ter adoecido. Como se o Eu não tivesse sido capaz de proteger o seio e a si mesma do adoecimento e a paciente estivesse submetida a um "castigo".

A sensação de abrigar os perseguidores dentro de si e de estar tomada por eles, assim como a culpa pelo adoecimento, torna difícil acreditar que os médicos e tratamentos possam reverter esse quadro. Para a mulher restaria a ilusão onipotente de ainda deter algum poder sobre si, neste caso, em decidir se pretende lutar e acreditar nas prescrições de tratamento e em sua eficácia ou negar todo esse cenário.

Na infância, à medida que os sentimentos de ódio podem ser vivenciados e a culpa consequente pode ser aliviada, é possível a crença no bom objeto internalizado: uma mãe/seio integrados e provedores e um Eu bom e íntegro. Surge então a necessidade de reparar aquele objeto, que na fantasia havia sido atacado.

Melaine Klein considera que a esperança só é possível a partir desse momento que possibilita a integração do Self, através do processo de desidealização dos objetos parciais e do próprio Eu, mas que este movimento também seria causador de dor e sofrimento. Seria necessário para a paciente desidealizar sua própria mortalidade, sua saúde, a sensação de infalibilidade, o controle da realidade. Como o câncer está dentro de si, pode temer seu próprio corpo e algumas vezes até odiá-lo, ao mesmo tempo em que deseja repará-lo e curá-lo.

Pensamos que partindo da possibilidade de entendimento da doença e das possibilidades de tratamento possa haver uma integração da condição de adoecimento dentro de si, como uma condição imperfeita, mas real, possibilitando o desejo de reparação, de retomar o amor por si mesma e aceitar o cuidado externo, e perceber-se grata em recebê-lo.

Retomando então a questão da adesão e da manutenção dos tratamentos, não há obviedade, mas pode sim haver o reencontro da esperança. Olhar para os tratamentos oferecidos pelos médicos, profissionais da saúde, e aceitá-los, demonstra este movimento da mulher na recuperação da esperança. Ter um espaço para falar, perguntar e para ser ouvida pela equipe de saúde pode contribuir para legitimar este processo que enfrenta interna e externamente.

Por isso, aderir e permanecer nos tratamentos não seria óbvio, mas fruto de um processo psíquico complexo, que passa por lidar com a perturbação causada pelo câncer de mama e reintegrar-se, movida pela pulsão de vida. Como explicou Freud (1996/1914), o investimento libidinal narcísico no próprio Eu contribuiria para manter o desejo de tratar-se e lutar pela sobrevivência, mantendo acesa a esperança, como um cuidado de si.

Pensamos que este processo que tentamos descrever aqui não seja completamente alcançado, e possa necessitar de ajuda psicológica. Também compreendemos que o uso benéfico do mecanismo de cisão, ora integrando a situação de adoecimento, ora colocando-a para fora de si, possa agir como um "mecanismo protetor", que auxilia a manter a esperança em dias melhores.

Outros mecanismos de defesa podem vir em socorro do Eu, como mostra Kubler Ross (2008), quando aborda que a racionalização ou a negação temporária do próprio estado de gravidade são consideradas necessárias nos casos de pacientes gravemente doentes, porque possibilitariam manter a esperança nos tratamentos e ou medicamentos que possam salvá-los gerando um conforto para vivenciar o adoecimento, aumentando a confiança no médico.

Para fins de conclusão, manter a esperança não seria acreditar onipotentemente na cura, mas ter forças para aceitação do adoecimento e do tratamento, e quando necessário, da finitude. Resgatá-la dentro de si, a partir de um processo de regressão, recuperar o amor por si mesma, o desejo de reparação que possibilita aceitar-se e reintegrar-se a partir da falta imposta no corpo, e a gratidão. Isto promoveria a diminuição do desalento, o aumento do desejo de continuar lutando de forma ativa, aceitando os tratamentos devidos, compreendendo seus efeitos, de um modo dinâmico e não estático.

O carinho e o cuidado da equipe de saúde e dos familiares podem contribuir de forma importante. É necessário também lembrar que a intervenção psicológica seria fundamental neste momento para contribuir com estas pacientes neste processo, pois beneficia a compreensão dos próprios sentimentos, das dores, sofrimentos e como os aspectos inconscientes podem influenciá-los.

Referências

INSTITUTO NACIONAL DE CÂNCER JOSÉ ALENCAR GOMES DA SILVA. *Estimativa 2020: Incidência de câncer no Brasil.* Rio de Janeiro: INCA, 2019. Disponível em: https://www.inca.gov.br/sites/ufu.sti.inca.local/files//media/document//estimativa-2020-incidencia-de-cancer-no-brasil.pdf. Acesso em: 06 jan. 2021.

KLEIN, M. *Inveja e gratidão e outros trabalhos*. São Paulo: Imago, 1991.

KUBLER-ROSS, E. *Sobre a morte e o morrer*. São Paulo: Martins Fontes, 2008.

MORAES, V. "Poema de natal". *In*: *Poemas, sonetos e baladas*. São Paulo: Gaveta, 1946, p. 47.

ROCHA, Z. "Esperança não é esperar, é caminhar: Reflexões filosóficas sobre a esperança e suas ressonâncias na teoria e clínica psicanalítica". *Rev. Latinoam. Psicopat. Fund.*, 10 (2): 255-273, 2007.

VALENTIM, N. *Psicoterapia Breve Operacionalizada em mulheres com câncer de mama*. São Paulo: Instituto de Psicologia da Universidade de São Paulo, 2015 (Tese de Doutorado).

3. Entre a esperança e a desesperança de *Duas Marias*: Escuta clínica na oncologia

Valéria Lucarelli Mocelin

Considerações iniciais sobre Esperança e Desesperança

O ser humano vivencia o adoecimento de forma singular e única em consonância com seu histórico de vida, as características de personalidade e as relações interpessoais estabelecidas ao longo de sua trajetória. No diagnóstico de câncer, depara-se com a possibilidade de prejuízo da integridade física e psíquica. E de certa forma, é convidado a percorrer um caminho repleto de incertezas, conflitos, limites e ressignificações, necessitando abortar, mesmo que momentaneamente, seus sonhos e desejos de futuras realizações.

Em contrapartida, ao longo da existência humana, conforta-se com a esperança que impulsiona e fortalece a busca incessante, em especial, do paciente oncológico pela cura. Neste sentido, o sentimento de esperança traz em seu bojo reflexões filosóficas, teológicas e psicanalíticas. Cortella (2013) destaca que o termo esperança pode ser entendido como um desejo acompanhado de expectativa, não se tratando essencialmente de uma simples espera. Portanto, a esperança sustenta a vida e impulsiona a busca humana.

Segundo Rocha (2007) *"a esperança é um elemento constitutivo do existir humano no tempo, pois é ela que sustenta a abertura para o futuro do poder ser que nós somos, e é ela que nutre a nossa capacidade de sonhar e de caminhar"* (p. 264). A capacidade de sonhar e de vislumbrar o futuro sem perder de vista o presente favorece a existência humana transcender e buscar um sentido, mesmo que seja em uma realidade difícil e penosa.

Salles *et al.* (2014) apontam que a esperança pode ser definida, no contexto oncológico, pela probabilidade subjetiva para bons resultados, pelo fortalecimento de vínculos efetivos com pessoas significativas e por experienciar situações intensas de ameaça da vida e da integridade. Os autores ainda destacam que a esperança é um sentimento capaz de sustentar a sobrevivência dos pacientes e ser responsável por ampliar o horizonte para além do adoecer, despontando para um futuro e ampliando a percepção de vida e de morte. Contudo, a esperança tem um efeito favorável na saúde dos pacientes oncológicos, por fortalecer a capacidade deles em lidar com situações de crise e determinar a aquisição de atitudes positivas e escolhas saudáveis.

Há pessoas que a despeito das experiências de vida ou intrusões que sofrem ao longo de sua trajetória são capazes de ressignificar e superar experiências dolorosas. Catafesta (1996), realizando uma leitura de conceitos de Winnicott, destaca que algumas pessoas são, naturalmente, propensas ao desenvolvimento e à saúde mental. Neste sentido, mesmo que submetidas a condições desfavoráveis e menos facilitadoras do ambiente apresentariam uma tendência inata ao desenvolvimento psíquico capaz de vencer adversidades.

Winnicott (1999), em seu trabalho "O conceito do indivíduo saudável", divide o universo das pessoas em duas classes distintas. A primeira destas classes consiste em pessoas que nunca se desapontaram enquanto bebês e têm plenas possibilidades de aproveitar a vida. E a outra corresponde a pessoas que vivenciaram experiências traumáticas desde o nascimento, sendo candidatas à doença. Entretanto, Winnicott (1999) afirma que entre essas pessoas da segunda classe encontram-se as que possuem tendência natural à saúde. E se incluíram na categoria, parafraseando Winnicott, *"Saudáveis por bem ou por mal"* (p. 25), capazes de encontrar um sentido para suas vidas e responsabilizarem-se por suas existências, atribuindo outro valor para o sofrimento.

A esperança no contexto psicanalítico pode ser vista como um princípio organizador da vida psíquica (FIGUEIREDO, 2003), fator indispensável para seu bom funcionamento psíquico e estruturação da subjetividade humana. Com isso, pacientes que disponham desta condição são mais favoráveis à saúde psíquica, não obstante a situação vivenciada "seja" de natureza traumática ou não, ao passo que a desesperança suscita uma angústia aterrorizadora por estar impregnada pela ameaça da destruição e da morte (ROCHA, 2007).

A vivência traumática pode ser para a constituição psíquica vitalizante ou devastadora. O caminho depende do equilíbrio entre as situações traumatizantes, as disposições narcísicas do sujeito, bem como da ausência ou presença, ao longo da vida, de um ambiente favorável. Rocha (2007), reportando-se a Winnicott, ressalta que a dinâmica entre presença e ausência pode criar um ambiente favorável para que a esperança se instale.

A partir destas considerações iniciais, este capítulo tem como objetivo apresentar a escuta clínica no contexto hospitalar de duas pacientes frente à doença oncológica terminal, que por sua vez, é caracterizada pelo esgotamento de possibilidades de resgate de condições de saúde e a eminência de morte é previsível.

A escuta de uma *Maria*: a esperança

Basta-me um pequeno gesto de longe,
feito de longe e de leve,
para que venhas comigo,
e eu para sempre te leve.
Cecília Meirelles

Naquela manhã ao adentrar na enfermaria do hospital, deparei-me com duas pacientes, a mais próxima da porta, a qual chamarei de Teresa, era a princípio a paciente eleita para escuta (a pedido da equipe médica). Teresa, com mais ou menos sessenta anos, encontrava-se internada há dias para tratamento de um tumor primário de ovário com metástase do intestino. Muito emagrecida, aparentando mais velha do que de fato era, tinha olhar apático e pesado. Quase não emitia som quando falava, necessitando de um grande esforço para entender o que ela dizia. Não parecia querer conversar, desinvestida da vida, fadigada e sem volição. Durante minha abordagem à Tereza, ao lado estava *Maria* (nome fictício), que parecia se esforçar para ser vista, me procurava com os olhos e quase que dizia: "Estou viva e aqui!".

Poucos minutos se passaram após minha abordagem à Teresa. Encerrei o atendimento, procurei respeitar a pouca disponibilidade psíquica e até mesmo física da paciente. No momento em que me retirava, *Maria* se posicionou: "*doutora psicóloga, sou Maria e gostaria muito de conversar com a senhora*" (fez isto com um sorriso entre lábios).

Diriji-me ao seu leito e disse: *"Claro, estou aqui!"*. *Maria* tinha por volta de sessenta anos, era uma mulher sofrida, no momento estava acompanhada de uma filha, que se retirou do quarto para ficarmos à vontade. *Maria* relatou que seu quadro de tumor de estômago tinha evolução de um ano aproximadamente. No momento apresentava metástase no intestino e rim (em cuidados paliativos não exclusivos[1]).

1 Segundo a Organização Mundial de Saúde (OMS) o cuidado paliativo promove o alívio da dor e de outros sintomas desconfortáveis, com a utilização de analgesia sistemática adequada, assim

Aguardava o início da hemodiálise devido a uma insuficiência renal, em consequência da doença oncológica. Ressaltou que era casada, mãe de três filhos e que sempre trabalhou como costureira. *Maria* adorava juntar retalhos para fazer vestidos para crianças menos favorecidas. Declarou-se cristã e destacou como sua fé ajudava a superar este momento da doença, mas disse que se sentia depressiva, triste mesmo, com limitações impostas pela condição clínica.

Maria compreendia o seu quadro, mas dizia não se sentir confortável na posição de "cuidada". Contou que desde os onze anos de idade assumiu uma parte da criação de seus irmãos menores. Na mesma época seu pai alcoolista abandonou a família. *Maria* contou que seu pai era muito austero e sempre dizia que ela *"não servia para nada, que sua vida seria muito difícil"*. Não senti ressentimento no discurso de *Maria.*

Narrou como foi conduzindo sua vida, sempre com um olhar para esperança e para mudanças boas que estavam por vir. *"Não podia deixar a peteca cair, né, doutora?"* Casou, segundo ela, com um homem bom, com quem teve seus três filhos. *Maria* contou que cuidou de sua mãe e de seus filhos. Sentia-se útil por ajudar o próximo, com suas costuras. Falou com entusiasmo sobre as doações de camisas masculinas com defeito, de uma confecção próxima, que transformava em lindas roupas infantis.

Ainda sobre o tema cuidado, revelou que tinha um orquidário em sua casa, construído pelo esposo. *Maria* disse que seu orquidário tinha como função *"cuidar de orquídeas terminais"*. Questionei sobre como seria esse processo. Contou-me que recebia orquídeas de vizinhos ou parentes e cuidava delas, dando vida. Referiu que além dos cuidados normais, como hidratação, terra e canela em pó, dava para as flores amor, carinho e um olhar especial. Nesse momento, apontei para *Maria* que parecia, ao pedir que fosse atendida por mim, desejar um olhar de cuidado e carinho

---

como a previsão de seus efeitos colaterais. E termo não exclusivo propõe que os cuidados paliativos podem ser aumentados gradualmente, como um componente dos cuidados do paciente do diagnóstico até a morte (MORAES; KAILARRA, 2010).

na fantasia que pudesse recuperá-la como suas orquídeas. Nesse momento, me deparei com o sentimento de esperança de *Maria*, que busca um sentido em lutar, com expectativa de cura de sua doença, mantendo-se viva psiquicamente.

A despeito das experiências pouco facilitadoras, principalmente durante a infância, *Maria* preservava um potencial para a saúde psíquica, encontrando outro valor para o sofrimento vivenciado com a figura paterna, ilustrado por sua fala: *"não podia deixar a peteca cair, né, doutora?"*, seguindo sua vida, ajudando as pessoas, em especial, as crianças menos favorecidas, identificadas com sua criança interna, ressignificando vivências dolorosas passadas.

Após a escuta de *Maria,* sua filha me pediu para ser ouvida também. Contou-me detalhes da relação de *Maria* com seu avô. Mencionou que *Maria* cuidou de seu avô (pai alcoolista que retornara doente após quarenta anos de ausência), vítima de câncer quatro anos antes. *Maria*, segundo a filha, cuidou do pai por iniciativa própria, o que causou certa perplexidade no marido e nos filhos, devido ao histórico de abandono e de sofrimento na relação entre os dois. Novamente aparece o sentimento de esperança de resgate que parecia mover *Maria* para vida. A filha de *Maria* destacou que a experiência de cuidado do avô não foi muito boa, principalmente no final da vida dele. O avô, segundo o relato da filha, mostrava-se confuso e perdido nos sentidos em boa parte do tempo. Poucos dias antes de seu óbito, foi hostil com *Maria*. De acordo com o entendimento da filha, o avô *"rogou uma praga para mamãe"*, explicando que quando *Maria* cuidava dele, seu avô disse que ela sofreria da mesma doença e assim poderia saber o que ele sentia. A filha acreditava que esse discurso paterno influenciou no modo como *Maria* encarava a doença, como se fosse uma ordem paterna que não deve ser contestada.

Segundo Winnicott (2005), a família que se rompe ou ameaça se romper não determina, necessariamente, o surgimento de distúrbios psicológicos, mas pode conduzir ao crescimento emocional precoce e ao estabelecimento prematuro de independência e sentido de responsabilidade. Como dizia Maria: *"eu ajudei minha mãe a criar meus irmãos a partir de meus onze anos de idade, quando meu pai foi embora"*. Winnicott (2005) destaca que se trata de uma maturidade relativa, mas conserva traços saudáveis. E no caso de *Maria* constituiu um alicerce para ter esperança e um propósito de vida que se restringia em criar uma família e cuidar do próximo.

Na verdade, *Maria* pouco falava do pai durante os atendimentos, agarrava-se à vida com todas as forças que tinha, como se não houvesse possibilidade para a ordem paterna imperar (teria a mesma doença acompanhada de intenso sentimento), como no passado, em que era desqualificada e pouco reconhecida, como ilustra a fala do pai quando pequena: *"não serve para nada, sua vida será muito difícil"*.

Nesse sentido, a experiência materna quase que exclusiva assumiu um caráter potencialmente suficiente para prover o cuidado, e de certa forma, favorecer adaptações necessárias para condições ambientais desfavoráveis, relação esta que se mostrou preservada e repleta de sentimentos amorosos.

Maria sempre se fazia notar. Ao perceber minha chegada à enfermaria, rapidamente abria um sorriso para me cumprimentar, como se dissesse: *"estou viva e tenho esperança, não se esqueça de mim, doutora"*. Isso aconteceu também quando foi transferida para Unidade de Terapia Intensiva (UTI) para ser submetida à hemodiálise intermitente, procedimento para filtragem do sangue. Mesmo debilitada, mostrou-se disposta a falar, a ser olhada e cuidada. Sempre utilizávamos a metáfora das *"orquídeas terminais"* como dispositivo simbólico para a representação da escuta clínica. Certa vez, em uma visita à UTI, me disse: *"Doutora, a sua orquídea hoje está precisando de ajuda! Colocando água e um pouco de canela para voltar a ter vida"*. Como se afirmasse a necessidade de dar voz às suas questões e sentimentos, mantendo-se assim vivaz, simbolicamente se comparando com suas orquídeas e pedindo cuidado.

Os pacientes com complicações renais geralmente estão sujeitos à anedonia, ausência de sentimentos de prazer, culpa e desesperança (CAUBY; KARAN, 2005), o que certamente não se alinhava à escuta de Maria e à sua condição emocional. Mesmo em momentos em que se sentia sozinha, triste por ter câncer, prospectava futuro. Dizia o que faria quando saísse do hospital. Embora precisasse fazer o tratamento (hemodiálise) três vezes por semana, teria outros quatro dias para se dedicar ao que mais gostava, cuidar de suas orquídeas e de sua família, costurar as roupinhas e participar dos cultos religiosos.

Em suma, *Maria* tinha um quadro de doença terminal, ao qual pouco se referia (a não ser quando falava de suas orquídeas); a esperança de conseguir continuar vivendo, a despeito da possibilidade de cura, a impulsionava. Em momento algum foi observado que *Maria* negava a doença e as limitações do tratamento. *Maria* indicava ser uma dessas pessoas que possui tendência natural à saúde, capacidade de encontrar um sentido para sua vida e responsabilizar-se por sua existência. *Maria* ressignificou seu sofrimento e suas vivências traumáticas. Nesse sentido, a esperança toma o caráter conforme a descrição de Figueiredo (2003), de princípio organizador da vida psíquica. Em especial, a esperança atuou ao longo da vida de *Maria* como um fator protetor para maiores intrusões e falhas ambientais, favorecendo o continuar a ser.

A escuta de outra *Maria*: a desesperança

Esta manhã tem tristeza de um crepúsculo.
Como dói um pesar em cada pensamento!
Ah, que penosa lassidão em cada músculo.

Manuel Bandeira

Minha outra *Maria*, de menos de cinquenta anos, internada na enfermaria de cuidados paliativos vítima de doença terminal. Há sete anos recebeu o diagnóstico de câncer de ovário. Mãe realizada de dois filhos adultos que demonstravam muito amor e dedicação por ela. Naquele momento, *Maria* encontrava-se em estado crítico de sua doença, agravado por uma carcinomatose peritonial (disseminação de um câncer pela cavidade abdominal), com sinais de ascite, um acúmulo de líquidos no abdômen, que necessitava de drenagem para melhora do desconforto e da dor.

Maria era muito querida. Os amigos e parentes se revezavam para ficar com ela no hospital. Ressentia-se pelo fato de não permitirem que ela esmorecesse ou perdesse a esperança de viver. Ressaltou que não havia lugar para a desesperança. Sua história de vida era repleta de altos e baixos, principalmente no que tange aos relacionamentos afetivos, revelou que nunca foi feliz neste aspecto.

Realizei a primeira escuta de *Maria* na semana de seu aniversário a pedido da equipe, segundo a qual, mostrava-se triste. Logo ao receber o pedido pensei que o hospital talvez não fosse o lugar que gostaria de estar em seu aniversário. Os amigos e profissionais de saúde organizaram uma festa com o tema *Mickey Mouse*, personagem que *Maria* gostava bastante, inclusive sua casa era repleta de objetos do personagem preferido.

Maria tinha olhar fadigado de desesperança e tristeza. Ao me apresentar, *Maria* mostrou-se receptiva e passou a contar sua história. Iniciou pela descoberta de sua doença no ovário, fez alusão ao fato de já ter sido mãe e que sua missão reprodutiva estava cumprida, além do desejo da maternidade. Revelou que no início tinha esperança de cura e vislumbrava futuro. *"Eu tinha planos, acreditava que me salvaria."* *Maria* comentou que não foi feliz sentimentalmente e naquela ocasião até gostaria de se abrir para o amor, quem sabe teria mais sorte.

Entretanto, após a primeira batalha vencida, deparou-se com a recidiva do câncer, e assim sucessivamente foi lidando com perdas e pouquíssimos ganhos. *Maria* foi histerectomizada. Percebi por meio de suas falas que ao padecer de câncer de ovário, sentiu-se menos mulher, como se confirmasse sua pouca habilidade em relações afetivas. O câncer de ovário traduzido como ataque ao feminino de forma concreta e cruel, como uma sentença. Referiu-se à longa batalha emocional que travou com seu ex-marido que a abandonou dois anos antes do diagnóstico, após anos de conflito e traições da parte dele.

Ao escutar *Maria* pensei em um trecho da música "Roda Viva" de Chico Buarque (1967):

"A gente vai contra a corrente
Até não poder resistir
Na volta do barco é que sente
O quanto deixou de cumprir
Faz tempo que a gente cultiva
A mais linda roseira que há
Mas eis que chega a roda viva
E carrega a roseira prá lá..."

Em um trabalho realizado por Figueiredo e Vaisberg (2013), que teve por objetivo investigar psicanaliticamente imaginários coletivos sobre (des)esperança veiculados na música popular brasileira, ressaltaram que esse trecho da música "Roda Viva" retrata (de acordo com o contexto histórico da época em que foi escrita) um cenário imaginativo dos constantes ataques de um determinado grupo às demais pessoas, causando abalos em sua esperança de participar da construção do seu próprio destino. Em *Maria,* analogamente, os ataques sofridos pelas decepções amorosas, frustrações, perdas e principalmente o câncer, que a obrigou a renunciar ao feminino e aos seus desejos e anseios, dando lugar à desesperança e a angústias aterrorizantes, como uma "Roda Viva" que perde a capacidade de renovação, e *"carrega a roseira prá lá"*.

No momento seguinte da escuta, *Maria* olhou-me firmemente com os olhos marejados e disse: *"Estou cansada de tudo, não aguento mais"*. Sustento o olhar e digo que entendo seu sentimento, e que me parecia legítimo naquele contexto. *"Obrigada, você me deixa sentir e sofrer. Sei que não é por mal, mas as pessoas não querem que eu sofra, e não há lugar para felicidade. Não dá!"*

Na sequência, me deparei, ao redor de seu leito, com vários objetos do *Mickey Mouse*. A toalha de banho, a capa do celular e bolas de aniversário. Questionei-a sobre os objetos, e *Maria,* ao falar sobre o *Mickey Mouse* transformou completamente seu semblante, dando lugar a um largo e belo sorriso. Contou-me sobre a sua paixão pelo personagem, e passou a enumerar com detalhes todos os objetos que mantinha em sua casa.

Talvez impactada com a desesperança evidenciada na fala anterior de *Maria*, vislumbrei no *Mickey Mouse* uma possibilidade de acalento para um sofrimento tão legítimo e cruel que ela expressava, de fato alguém à espera da morte. Perguntei à *Maria*:

"*Maria*, para que tempo este *Mickey Mouse* te leva?"

"Para minha infância."

Nesse momento, seus olhos se encheram de lágrimas. E perguntei:

"*Maria*, sobre esta infância, de que tempo você fala?"

"De um tempo feliz e de alegria..."

Completei:

"De um tempo em que não existia a doença."

Maria confirmou com a cabeça e segurou fortemente na minha mão. Ressaltou que estava cansada de tudo e da doença. *"Quero me ver livre disso."*

O impacto psicológico da doença aliado às possibilidades de cura e de cuidado pode favorecer o acionamento de defesas egoicas contra a dor insuportável, desesperança e desamparo. Pareceu-me que a paixão de *Maria* celebrada pelo *Mickey Mouse* ganhara protagonismo em um movimento regressivo, atualizando um modo de funcionamento psíquico ligado a etapas do desenvolvimento precoce, permitindo satisfações de necessidades afetivas primitivas, minimizando as angústias e trazendo alívio (BOTEGA, 2002).

Ao final da escuta, *Maria* muito emocionada agradeceu-me.

E disse para ela:

"Não importa como, tudo vai ficar bem."

Ao me retirar do quarto, Maria me chamou:

"Não importa como, tudo vai ficar bem!"

Apenas com o olhar, confirmei. Após três dias de nosso encontro, *Maria* faleceu, cercada dos filhos, amigos, de todos que amava e de seu *Mickey Mouse*.

A escuta de *Maria,* que teve a vida invadida pelo câncer, rompendo com sonhos e anseios, foi influenciada por todos que cercaram sua vida de forma positiva ou não. Esta *Maria*, diferentemente da outra, perdera o sentido da vida e seu sofrimento não encontrava mais significado, incapacitando-a de se responsabilizar por sua existência.

Considerações finais

Nas narrativas das duas *Marias* pode-se perceber o impacto das inúmeras adversidades que o câncer acarreta à vida das pacientes, sobretudo como cada uma enfrentou e reagiu, ressignificando angústias e vivências passadas com o sentimento de atualidade que a condição do câncer proporcionou.

O convívio com o câncer convida os pacientes a lidar com sentimentos extremos, ora pelo impacto do diagnóstico, do tratamento e prognóstico, ora na busca de fortalecimento para enfrentar e superar adversidades.

O interjogo da esperança e desesperança ganha um protagonismo todo especial nesse cenário do paciente terminal permeado de dor, perdas e pouquíssimos ganhos na luta diária incessante por algum tipo de alívio e conforto.

A interpretação dessa experiência é única e pautada pelo passado que influencia na percepção do presente. Na primeira *Maria,* das *"orquídeas terminais"*, a superação da problemática inicial com olhar esperançoso permitiu continuar vivendo e vislumbrando futuro, mesmo que próximo e repleto de pequenos prazeres. A escuta clínica proporcionou um espaço de organização interna e reasseguramento. Para essa *Maria*, encontrar um sentido para sua sobrevivência e sofrimento, de algum modo estabeleceu um propósito a ser seguido.

Contudo, para a *Maria* da "Roda Viva" a esperança foi cedendo lugar à desesperança, entrelaçando em seus conflitos preexistentes, desencontros e sonhos perdidos. *Maria* se ressentia de não poder sofrer perante os amigos e filhos, muito menos de desejar um alívio de seu sofrimento, que no caso dela, seria a morte. *Maria* não tinha esperança de ser resgatada de sua condição, para ela o sofrimento tinha adquirido o caráter de destino. O que importava não era buscar o sentido de sua vida, mas uma ressignificação da morte como parte da totalidade da existência humana. A escuta clínica validou seus sentimentos e a permitiu sofrer, voltar a ser criança na sua paixão pelo *Mickey Mouse* e se conciliar com desejo de finitude.

O olhar clínico perpassa pela esperança e desesperança dos pacientes, ajustando os impulsos emocionais a um nexo terapêutico atrelado à história de vida, perdas e ganhos, à experiência do câncer como pano de fundo trazendo a luz de seu valor psíquico.

Referências

BOTEGA, Neury José. *Prática psiquiátrica no hospital geral: Interconsulta e emergência*. Porto Alegre: Artmed, 2002.

CATAFESTA, I. D. W. *Winnicott na Universidade de São Paulo. O verdadeiro e o falso. A tradição independente na psicanálise contemporânea*. São Paulo: Instituto de Psicologia da USP, 1996.

CAUBY, Andrea V. S.; KARAM, Christiane Hegedus. "Aspectos psicológicos de pacientes com insuficiência renal crônica". *In*: ISMAEL, Sílvia Maria Cury. *A prática psicológica e sua interface com as doenças*. São Paulo: Casa do Psicólogo, 2005.

CORBETT, Elisa; FIGUEIREDO, Priscilla; AIELLO-VAISBERG, Tânia Maria José. "'Ter amor' e outros campos: Estudo psicanalítico da (des) esperança em canções de Chico Buarque de Hollanda". *In*: TARDIVO, Leila Salomão de La Plata Cury; AIELLO-VAISBERG, Tânia Maria José (Orgs.). *Anais da XI Jornada Apoiar: Adolescência: Identidade e sofrimento na clínica social.* São Paulo: Instituto de Psicologia da Universidade de São Paulo, 2013, p. 207-216. Disponível em: http://serefazer.psc.br/wp-content/uploads/2014/05/Ter-amor-e-outros-campos.pdf. Acesso em: 06 jan. 2021.

CORTELLA, Mario Sergio. *Sobre a esperança: Diálogo*. Campinas: Papirus, 2013.

FIGUEIREDO, Luis Claudio. *Psicanálise: Elementos para uma clínica contemporânea*. São Paulo: Escuta, 2003.

FRANKL, Viktor. *O homem em busca de um sentido*. Leya, 2012.

MARENGO, Mariana O.; FLÁVIO, Daniela A.; SILVA, Ricardo Henrique Alves. "Terminalidade de vida: Bioética e humanização em saúde". *Medicina (Ribeirão Preto)*, 42 (3): 350-357, 2009. Disponível em: http://www.revistas.usp.br/rmrp/article/view/231/232. Acesso em: 06 jan. 2021.

MENDES, Juliana Alcaires; LUSTOSA, Maria Alice; ANDRADE, Maria Clara Mello. "Paciente terminal, família e equipe de saúde". *Revista da SBPH*, 12 (1): 151-173, 2009.

MORAES, Sandra Alamino Felix de; KAIRALLA, Maisa Carla. "Avaliação dos conhecimentos dos acadêmicos do curso de medicina sobre os cuidados paliativos em pacientes terminais". *Einstein,* 8 (2): 162-167, 2010 (São Paulo).

RAVINDRAN, Ottlingam Somasundaram; SHANKAR, Athira; MURTHY, Tejus. "A comparative study on perceived stress, coping, quality of life, and hopelessness between cancer patients and survivors". *Indian Journal of Palliative Care*, 25 (3): 414, 2019.

ROCHA, Zeferino. "Esperança não é esperar, é caminhar". *Revista Latinoamericana de Psicopatologia Fundamental,* X (2): 255-273, abr.-jun. 2007.

Disponível em: https://www.scielo.br/pdf/rlpf/v10n2/1415-4714-rlpf-10-2-0255.pdf. Acesso em: 06 jan. 2021.

SALES, Catarina Aparecida *et al.* "O sentimento de esperança em pacientes com câncer: Uma análise existencial". *Revista da Rede de Enfermagem do Nordeste*, 15 (4): 659-667, 2014.

WINNICOTT, Donald Woods. *Tudo começa em casa*. Trad. Paulo Sandler. São Paulo: Martins Fontes, 1999.

_____. *A família e o desenvolvimento individual.* São Paulo: Martins Fontes, 2005.

Segunda parte
ESPERANÇA E A CLÍNICA PSICANALÍTICA

4. Recordar, repetir, elaborar e construir: A busca do objeto materno na análise de uma menina adotada[1]

Gina Khafif Levinzon

Recordar, repetir e elaborar

Em seu primoroso trabalho "Recordar, repetir e elaborar", no qual descreve fenômenos que estão na base do pensamento psicanalítico, Freud (1914/1980) observa que o paciente repete no relacionamento com o analista comportamentos e atitudes característicos de experiências iniciais. Ele assinala que "o paciente não *recorda* coisa alguma do que esqueceu ou reprimiu, mas expressa-o pela atuação ou *atua-o*. Ele o reproduz não como lembrança, mas como ação; *repete-o*, sem, naturalmente saber o que está repetindo" (p. 196). A análise permite que fantasias e pensamentos que nunca foram conscientes também possam ser *rememorados*, ou seja, cria condições para representações simbólicas e compreensões de seus significados.

Na análise, o paciente desloca para a figura do analista sentimentos, pensamentos e comportamentos originalmente experenciados em relação a pessoas significativas de sua infância. A transferência, como palco privilegiado onde são encenadas as repetições, promove um ponto de encontro permanente entre o passado do indivíduo e o presente, com suas semelhanças e diferenças.

1 Publicado na *Revista Brasileira de Psicanálise*, 44 (4): 155-164, 2010.

Cada vez mais tem se evidenciado a importância dos primeiros tempos de vida da pessoa na formação de seu psiquismo. Nesta fase são erigidos os principais pilares de seu mundo psíquico e afetivo. A experiência clínica mostra que expressões de uma fase pré-verbal da vida ocorrem na relação analítica, especialmente em pessoas que passaram por dificuldades importantes nesta fase. Muitas vezes estão associadas a momentos importantes de regressão na análise e dependem de um observador sensível a elas para que se manifestem e sejam compreendidas.

Em algumas pessoas, temos a impressão de que pontos essenciais não foram construídos, e houve um esforço de sobrevivência que pode ser comparado à construção de uma casa disposta por cima de grandes vácuos. Nestes casos, a análise parece ter a função de ajudar o paciente a construir algo que deveria estar lá, mas está dramaticamente ausente. Poderíamos dizer que em tais pessoas há também algo que se repete e é atuado na situação analítica? O que ainda não foi construído pode ser rememorado?

Pretendo, neste trabalho, refletir sobre estas questões que me parecem essenciais, a partir da discussão do material clínico obtido na análise de Raquel, uma menina adotada. Abordarei também pontos que estão relacionados ao universo da adoção e que muitas vezes estão na base das dificuldades apresentadas por pais e filhos adotivos.

Raquel

Os pais de Raquel me procuraram, em estado de desespero, quando ela estava com doze anos de idade. Relataram que a filha estava apresentando uma série de comportamentos antissociais, como roubos, mentiras e falsificações. Outra queixa dos pais era o fato de ser bastante gorda. Raquel comia com extrema voracidade, especialmente doces e alimentos que engordavam.

Nas nossas conversas iniciais, os pais da paciente pareciam estar decididos a colocá-la num colégio interno. Achavam que "ela não tinha mais jeito". Apesar disso, procuraram a minha ajuda, o que mostrava que ainda havia uma esperança de reencontro com a filha, embora tênue. A relação de Raquel com a mãe era especialmente difícil. Esta falava da filha com muita animosidade. Parecia não "suportá-la". O pai era mais afetuoso e próximo da filha, mas também parecia perdido com o estado das coisas.

Creio que havia um ponto bastante importante como pano de fundo inconsciente de tamanho desencontro: Raquel era negra escura, enquanto seus pais e irmã menor eram loiros. A diferença física gritante parecia potencializar as diferenças entre ela e os integrantes da família. Os pais procuravam reprimir, sem sucesso, a decepção por terem uma filha com uma cor de pele associada intimamente a uma situação desprivilegiada e pejorativa. A mãe de Raquel queixou-se com raiva de que a filha "vivia no quarto da empregada", o que evidenciava a ligação associativa que era feita com a cor de pele da menina. Inconscientemente, a mãe sentia que Raquel mais parecia filha da empregada do que sua própria filha.

O estudo da dinâmica psicológica de famílias adotivas aponta evidências de que grande parte dos pais e filhos adotivos quer se parecer fisicamente. Desta forma, podem manter a ilusão de que não há um hiato biológico entre eles (Levinzon, 1999; 2004). Do ponto de vista dos pais, há um anseio de se perpetuar por meio de sua descendência biológica, como forma de elaborar a percepção da transitoriedade da vida. Muitas vezes há dificuldades inconscientes em relação à esterilidade do casal ou de um de seus integrantes, e diferenças físicas gritantes funcionam como um lembrete constante de que houve um fracasso na função reprodutiva. Do ponto de vista da criança, a disparidade na aparência física intensifica suas dúvidas quanto à solidez do elo com os pais adotivos. É como se, não sendo parecida com eles, não houvesse garantia de que eles a "amariam para sempre". Além disso, a diferença física também funciona para a criança adotada como uma marca inexorável de que houve "uma outra mãe e um outro pai", perdidos no passado, e envoltos em um mistério assustador sobre sua origem. Nesses casos, pode-se falar em intensificação de uma *ferida narcísica* tanto no que diz respeito aos pais quanto à criança adotiva.

Os pais de Raquel decidiram adotar uma criança depois de tentarem por muitos anos ter um filho biológico. Parecia-me haver, especialmente por parte da mãe, uma situação de má elaboração da impossibilidade de gerar filhos, em decorrência da condição de esterilidade do marido. Raquel foi adotada com um mês de vida. Até então fora cuidada por pessoas intermediárias. Era um bebê saudável, que não dava trabalho. Recebeu muita atenção dos pais, até que adotaram outra menina dois anos depois, que ficou muito doente no primeiro ano de vida. Este evento parece ter sido um divisor de águas para Raquel, que passou a ficar com muito ciúmes da irmã, loira como os pais.

Raquel soube desde pequena que era adotada. Seus pais lhe disseram que sua mãe biológica havia morrido no seu parto. Acreditavam que desta forma estavam protegendo sua filha de sofrimento, de fantasias de ser abandonada. Além disso, evitavam que ela quisesse procurar a família biológica quando crescesse. Era uma forma de "colocar uma pedra sobre esta história". Na realidade, havia um medo inconsciente de perdê-la, como se a ligação entre pais e filha não tivesse consistência, por não apresentar um elo consanguíneo.

Encontramos na história de Raquel fatores potencialmente patogênicos no que se refere às condições boas de desenvolvimento de uma criança. A paciente sofreu um trauma precoce ao ser separada de sua mãe biológica por volta de seu nascimento. Sabemos que já no ventre da mãe a criança tem um registro sensorial do cheiro, do andar, da respiração da genitora, e a separação precoce instaura um hiato afetivo num momento em que a criança não tem um aparelho psíquico capaz de compreender e processar o que se passou. Em seguida, nesta fase tão crucial da vida, a bebê esteve entregue a "pessoas intermediárias", elementos anônimos e passageiros, quando precisava de um cuidado especial e profundo do ponto de vista afetivo. Felizmente, encontrou um lar adotivo, e pais que se ocuparam dela, apesar das decepções relacionadas à esterilidade e às diferenças físicas. Aos dois anos de idade, a perda da atenção dos pais em função da séria doença da irmã funcionou como outro trauma, que poderia ser comparado ao que Khan (1977) denominou "trauma cumulativo". Este autor enfatiza a função da mãe como escudo protetor, que constitui o ambiente normal adequado às necessidades primitivas do bebê.

Penso que a dificuldade que os pais de Raquel, e especialmente a mãe, passaram a ter na forma de lidar com ela diante dos comportamentos mais impetuosos e turbulentos que ela passou a apresentar, continuou a sucessão de falhas ambientais a que ela estava sujeita. Raquel demonstrava, no entanto, por meio dos comportamentos antissociais, a esperança de encontrar condições ambientais adequadas às suas necessidades. Como afirma Winnicott (1956/1988b), a privação de necessidades essenciais da criança pode se manifestar por comportamentos antissociais como roubo e destrutividade. Com seus sintomas, Raquel "amolava" os pais forçando-os a se encarregar de seu manejo. Havia nas suas reações a expressão de grande carência afetiva, mas também muita força própria, por não se conformar com uma situação de vida que lhe era tão insatisfatória.

O encontro analítico: corações em sintonia e ligações de pele

Quando conheci Raquel, me surpreendi ao me deparar com uma menina já com traços de puberdade, expansiva, inteligente e cheia de vida. Sua aparência física de fato destoava muito da aparência dos pais, e era bastante gorda. Reclamou dos pais dizendo que eles privilegiavam sua irmã, e logo anunciou que estava decidida: iria para um colégio interno. Achava que desta forma não iria mais brigar com a mãe. Parecia que tinha a fantasia de que era muito destrutiva nas suas relações, e que o colégio interno seria uma forma de contenção. Os desencontros constantes com os pais adotivos e a informação incorreta sobre a morte da mãe biológica no seu parto contribuíam para corroborar esta fantasia.

Raquel lançava mão de um processo defensivo: saía, antes de ser mandada embora, como imaginava que ocorreria. O medo de ser abandonada novamente estava sempre pairando no ar, e ela apresentava um temor de se ligar de forma mais próxima a outras pessoas e sofrer novamente o sentimento de desamparo próprio de sua condição inicial de vida.

O começo do nosso processo analítico foi pautado pelo temor de Raquel de se ligar a mim e se decepcionar novamente. Insistia em ir para um colégio interno, o que nos impediria de seguir com nossos encontros. Ao mesmo tempo, aos poucos se aproximava, embora com cautela.

Quando eu falava sobre adoção com Raquel, ela se mostrava muito irritada. Não queria tocar no assunto. No entanto, embora este assunto fosse proibido de ser mencionado verbalmente, logo percebi o quanto passou a ser vivido por nós, no palco que é construído pela relação analítica.

Raquel invariavelmente chegava às sessões queixando-se de fome, e muitas vezes trazia sacos de doces para as sessões, que comprava na padaria em frente ao meu consultório. Dizia: "Deve ser bom ter uma padaria aí do lado...". Começou a pedir para guardar seus doces comigo, na sua caixa lúdica ou na minha geladeira. Raquel parecia um bebê esfomeado que vinha "mamar" nas nossas sessões. Eu sabia que o que de fato lhe fazia falta era um tipo de contato sintônico, que pudesse lhe proporcionar uma sensação de saciedade poucas vezes alcançada em sua vida. A "padaria" que lhe fazia falta precisaria ser encontrada na nossa capacidade de nutri-la simbolicamente. Comecei a notar o quanto os doces de que tanto gostava tinham nomes de sentimentos afetuosos: beijinhos, bons-bocados, suspiros, sonhos...

Após um período em que me pareceu que fui "suficientemente testada" quanto à minha confiabilidade, Raquel me pediu que lhe fizesse desenhos com meus dedos em suas costas. O primeiro desenho por ela solicitado foi um *coração*. Eu tinha que fazer diversos desenhos nas suas costas, e ela tentava adivinhar o que era. Eu tocava suas costas de várias maneiras: mais forte, mais fraco, em círculos, em determinados pontos, e assim por diante. Raquel ficava extremamente atenta, e parecia ficar extasiada. Eu tomava cuidado para que estes toques não tivessem uma conotação erotizada, pois me parecia que nesse caso estaríamos saindo de limites que precisavam ficar claros. A brincadeira de "toques" passou a fazer parte rotineira de nossas sessões. Às vezes me era impactante observar aquela menina que parecia querer ter certeza de que poderíamos estar juntas, sem a referência visual, mas por um contato de pele. Uma das maiores angústias da paciente, que estava sempre presente nas sessões, era o temor de perder quem ela amava. Sentir meus toques em suas costas parecia dar-lhe uma dimensão concreta de que eu estava de fato ali com ela, que nosso vínculo era real, e era isso que eu lhe falava enquanto estávamos na brincadeira. Numa sessão em que guardou o material que estava utilizando dez minutos antes do fim do nosso horário, angustiada com a separação que iria ocorrer, pediu-me para fazer a brincadeira dos toques. Neste dia tinha chegado com uma cesta de quindins. Ao tocar suas costas com os meus dedos, eu ia lhe dizendo que o que ela queria mesmo era preencher o coração que havia dentro dela, como o que eu estava desenhando, de quindins-amor, quindins-afeto, doces-intimidade, e que ela sentia uma fome muito grande de tudo isso. Raquel, muito atenta, completava as minhas frases, parecia "sorver" minhas palavras, e especialmente os toques. Instalou-se entre nós um clima de muita emoção.

Eu pensava na sua separação em relação à mãe biológica, e no quanto lhe faltou poder ter um contato de pele com ela, dando continuidade à sua vivência intrauterina. Imaginava que a paciente poderia estar procurando estabelecer esse contato através da transferência, como se dessa forma pudesse recuperar um objeto perdido, ou então construir algo que não se deu. O jogo de adivinhação parecia se referir a um tipo de comunicação não verbal que poderia se estabelecer entre nós, própria do bebê pequeno com a mãe, nos seus primeiros tempos de vida. O *coração* desenhado poderia estar falando de amor, e estar associado à ideia de reencontro com a mãe biológica perdida. Poderia também indicar a adoção que ela esperava que fosse feita por mim. Afinal, não é usual se chamar o filho adotivo de *filho do coração*?

Num momento posterior do processo psicanalítico, quando Raquel já estava bastante ligada a mim, tivemos uma sessão que me pareceu estar associada a conteúdos bastante regressivos. Num certo momento da sessão ela pediu para ir ao banheiro, que fica ao lado da minha sala de atendimento. Após algum tempo, para minha surpresa, ouvi: "tum, tum, tum". Parecia alguém batendo na parede do banheiro que é contígua à minha parede. Aguardei um pouco, e novamente: "tum, tum", o som se repetia. Compreendi que Raquel queria me comunicar algo, e resolvi entrar na brincadeira. Bati na minha parede, no mesmo ritmo: "tum, tum". Tive a impressão de que a minha interlocutora ficou feliz, pois logo bateu: "tum, tum, tum, tum". Respondi: "tum, tum, tum, tum". Ela continuou: "tum, tum, tum.....". Devolvi: "tum, tum, tum.....". Assim, por cerca de quinze minutos, ficamos batendo na parede, cada uma de um lado, em diversos ritmos, eu sempre acompanhando o ritmo que ela iniciava. Eu não podia vê-la, mas parecia-me um momento de beleza mágica, um exercício de sintonia. Assemelhava-se a uma forma de se comunicar à distância, de verificar se podíamos existir uma para a outra sem que estivéssemos fisicamente juntas. Vinha também à minha mente a associação com as batidas de dois corações, separados por uma bolsa amniótica simbólica, a parede que estava entre nós. Assim como na brincadeira dos toques, Raquel parecia estar buscando a mãe biológica perdida, de quem talvez tivesse retido, como uma "lembrança sensorial", o barulho das batidas do coração. Havia ainda neste bater concatenado outro ponto importante: eu me adaptava às batidas dela. Era *ela* quem imprimia o ritmo e a intensidade das batidas, e eu a acompanhava. Instaurava-se entre nós a presença da mãe que é "criada" pelo bebê, conforme descreveu tão bem Winnicott (1971/1975). Nesta sessão, ao voltar para a minha sala, Raquel me perguntou: "você ouviu?". Indicava com isso que ainda lhe era muito difícil assimilar e manter a ideia de que era eu a pessoa com quem se comunicava num nível tão primitivo. Parecia-lhe mais um sonho com a mãe perdida ou idealizada, do qual acordava ao me ver concretamente.

A partir dessa sessão, frequentemente Raquel repetia as batidas na parede. Eram momentos de tamanha beleza, que poderiam corresponder ao que Bollas (1992) denominou "momento estético": um momento de comunicação subjetiva profunda com um objeto. Segundo esse autor, momentos como esses são sentidos como familiares, sagrados, e se sobressaem à coerência cognitiva. São registrados mais no *ser* do que na mente, porque expressam experiências de comunicação primordial com o outro, num nível pré-verbal.

Compartilhávamos, Raquel e eu, o sentimento de que estávamos experienciando algo imponente, especial. Eu havia sido "proibida" por ela de falar explicitamente sobre o tema da adoção, mas quando Raquel voltava para a sala, eu comentava coisas como: "puxa, nós estamos nos comunicando por uma outra língua, a das batidas... é como se pudéssemos estar tão juntas, quase grudadas, mas também separadas por essa nossa parede... sabemos que uma continua existindo para a outra, mesmo que não nos vejamos... parece até uma mãe com seu bebê, quando ele está na sua barriga...". O tema da relação mãe-filha, da separação e falhas precoces podia ser tratado baseado na observação da nossa relação, sem que nesse momento tivéssemos que citar diretamente sua história de vida. Seu passado estava lá, presente no nosso contato, vivo, e modificado pelo que a dupla analítica peculiar estava experimentando.

O processo analítico de Raquel possibilitou-lhe uma melhora substancial nos seus sintomas. Seu rendimento escolar melhorou, conseguiu fazer uma dieta e emagreceu vários quilos, as brigas com os pais diminuíram sensivelmente assim como o medo de dormir sozinha. Nas sessões, tornou-se mais competitiva e menos "boazinha". Começava a experimentar a minha possibilidade de sobreviver a seus impulsos mais instintivos. A cada passo, no entanto, surgia o temor de que eu não a suportasse ou de que algo acontecesse e resultasse numa separação traumática. Nestes momentos, Raquel recorria às brincadeiras dos toques e das batidas, como forma de se certificar de que continuávamos juntas.

A análise foi posteriormente interrompida de forma abrupta pelos pais, que enalteceram as visíveis melhoras da filha, mas alegaram dificuldades financeiras. Sentiam-se extremamente enciumados e ameaçados pela ligação que a criança estabeleceu com a analista, como se Raquel tivesse reencontrado a mãe biológica que viria retomar a filha. As fantasias de roubo encontraram terreno fértil para se desenvolver.

Raquel e eu pudemos nos encontrar mais uma vez. Aconteceu afinal o que ela tanto temia: um processo de separação traumático, precoce. Repetia-se entre nós a história de sua vida, semelhante à vivida com a separação da mãe biológica. Essa vivência também despertava em mim sentimentos, como se a houvessem *arrancado* de mim, como uma mãe que perde subitamente o seu bebê, num momento em que este necessita primordialmente dela.

Raquel escreveu-me um bilhete, ao encerrarmos nosso trabalho: "Fico chateada por sair, mas não vou esquecer de você e nem você de mim, eu espero".

Apesar de termos vivido a amputação de uma relação que vinha trazendo muitos frutos, o bilhete de Raquel mostrava que o trabalho feito havia deixado resultados consistentes, que ela levava consigo. Ela pôde reconhecer que estava *chateada* com o fim da análise, não precisando recorrer tão maciçamente a defesas maníacas como ocorria anteriormente. Além disso, expressava a esperança de que apesar de estarmos separadas, algo importante se mantinha, e não seria *esquecido*. A parede que nos separava tinha se tornado muito mais grossa, mas ela esperava que as nossas batidas ficassem gravadas como objetos bons solidamente internalizados.

Recordar, repetir, elaborar e construir

Encontramos no processo analítico realizado com Raquel as observações feitas por Freud (1914/1980) sobre a tendência a repetir na análise os sentimentos, afetos e fantasias, referentes às experiências iniciais que não foram bem integradas. A paciente pôde utilizar o espaço e a presença da analista para trazer à tona aspectos cruciais de seu psiquismo, como a grande carência de um objeto materno consistente, sua fixação oral, a magnitude de suas angústias de perda e separação das pessoas a quem estava ligada.

Em certos momentos das sessões, por meio da transferência estabelecida, a analista representava para a paciente a mãe biológica perdida, de quem ouvia as batidas concatenadas do coração, ou sentia o toque da pele. Em outras ocasiões, a analista fazia o papel de uma mãe adotiva que poderia recebê-la com toda a sua continência e carinho. Por vezes, Raquel projetava ainda a figura de uma mãe idealizada, dona de uma grande "padaria" simbólica, fonte inesgotável de leite e satisfação. Havia ainda um fantasma que se repetia e era identificado com a analista, especialmente ao se aproximar o fim das sessões: a pessoa que a abandonaria e a faria sofrer muito. Mais ainda, quando já havíamos caminhado bastante na análise, surgia ocasionalmente na transferência o personagem de uma mulher com quem se comparava e competia.

Podemos observar que os diversos pontos tratados provinham de diversos extratos da mente, desde os mais primitivos, até os mais evoluídos em termos de desenvolvimento mental, como aqueles que tinham como tema a competição. Todos eles, como um mosaico, representavam algo que se repetia, em busca de elaboração. Não se baseavam apenas em fatos vividos ou sentimentos reprimidos. Havia as experiências traumáticas, como o abandono da mãe biológica e as dificuldades com a mãe adotiva. Ao lado delas, se encontravam as fantasias e sentimentos de Raquel, entrelaçados com seus impulsos e desejos peculiares.

As brincadeiras de toques e das batidas na parede podiam ser consideradas rememorações de experiências passadas, abortadas na sua continuidade, e traumáticas. Pareciam se referir a comunicações de uma época em que as palavras e os pensamentos ainda não existiam. Estavam sendo repetidas na situação analítica, indicando que provavelmente houve um registro mnêmico em algum nível sensorial. O *setting* analítico permitiu que pudessem ser recuperadas e passassem a ter um significado compartilhado.

A análise de Raquel incluiu momentos de muita regressão, que iam ao encontro das observações de Winnicott (1954-5/1988a), que afirma que o indivíduo defende seu *self* contra o fracasso ambiental específico por meio de um *congelamento da situação de fracasso*. Há uma convicção inconsciente, que pode se tornar uma esperança consciente, de que em algum momento surgirá a oportunidade de uma experiência que *descongelará* a situação de fracasso. O indivíduo, por meio da regressão, reexperimentará essa experiência, mas agora em um meio ambiente que fará a adaptação adequada. Nesse caso, a regressão faz parte do processo de cura.

Podemos pensar que Raquel conduzia a analista a pontos de *congelamento* de fracasso ambiental, ao evocar experiências intrauterinas ou de contato primitivo de pele. Esperava poder recuperar uma chave que foi perdida, a da existência de uma mãe com cheiro, cor, som, coração familiares. ***Mas havia algo que ia além da rememoração. Ela esperava que algo acontecesse, algo que lhe faltava, que era essencial, mas não sabia o que era... Algo precisava ser construído, e dependia do outro para isto.***

Quando brincávamos com os toques na parede, havia um detalhe importante: ***era Raquel quem imprimia o ritmo e a intensidade deles***. Desta forma, ***ela criava*** a analista. Era alimentada a ilusão, primordial na construção do psiquismo do bebê, de que ***ela*** era a responsável pelo aparecimento e desaparecimento do objeto, de que a existência e a ação dele ***dependiam dela***. É desta forma que o indivíduo saudável se apropria do mundo numa fase primitiva da vida e se sente vivo e criativo. Raquel necessitava de um espaço que lhe permitisse cada vez mais, pelo tempo necessário, viver a experiência de encontrar um objeto que pudesse se adaptar a ela, acompanhando-a ***no seu ritmo***, e ***na sua intensidade***. Algo que não havia acontecido de forma satisfatória precisava acontecer. ***O que se repetia neste caso era a sensação de que faltava algo primordial a ser construído.***

O *recordar* na análise, descrito por Freud (1914/1980), parece, a meu ver, se apoiar na concepção de que algo já presente no indivíduo será trazido à tona, algo que ele já é capaz de representar inconscientemente. Numa contribuição interessante, Roussillon (1999) ressalta que a atividade representativa inconsciente resulta de um processo psíquico: é uma produção que só ocorre se algumas condições intrínsecas e extrínsecas são reunidas. A psique, mesmo nos seus aspectos inconscientes, depende de condições ambientais. Ela se forma a partir da interação com o objeto externo, como na brincadeira a dois.

Para Winnicott (1962/1983), o desenvolvimento emocional ocorre na criança seguindo uma tendência inata para o amadurecimento, mas ele só se dá de fato quando se provê a ela condições ambientais suficientemente boas. Só dessa forma o bebê desenvolve um sentimento de integração e de existência própria. Esse é um longo caminho, que permite à criança a *construção gradativa do seu self*, e a sensação de *ser real*. Como afirma Dias (2003), "mesmo quando as estruturas biológicas e cerebrais estão intactas, o ter nascido, simplesmente, não garante que sejam alcançados o sentimento de estar vivo, de sentir-se real e de poder fazer experiências sentidas como reais" (p. 97). É a interação primitiva adequada entre o indivíduo e o ambiente cuidador que permite a construção paulatina de um si-mesmo integrado.

Na situação analítica, é criado um espaço potencial que permite ao sujeito se desenvolver criativamente ou restabelecer uma "área de brincadeira" comprometida pelo impacto de uma zona traumática. O analista oferece ao analisando o ambiente *suficientemente bom*, que permite a este último retomar o curso crescente de seu desenvolvimento emocional. **Ao lado da *recordação* do que foi reprimido, abre-se espaço para a *construção* dos aspectos de si mesmo que ficaram como que congelados, à espera de um entorno adequado para este processo vital.**

A brincadeira dos toques nas costas de Raquel, por exemplo, podia ter o sentido de permitir que ela construísse, com o auxílio da analista, uma estrutura psíquica capaz de conter de forma mais integrada as partes do seu *self*. Autores como Esther Bick (1968) e Anzieu (1985) apresentam importantes metáforas da construção das primeiras formas de diferenciação do eu, comparando-as à delimitação dada pela pele aos conteúdos internos do corpo. No estado não integrado primitivo, a criança necessita encontrar um objeto continente que é aos poucos introjetado, e lhe permite desenvolver uma "pele psíquica". Ao sentir os toques de meus dedos em sua pele, pele com pele, Raquel parecia estar em busca deste objeto, desta delimitação de si mesma a partir do contato com o outro.

O **"recordar, repetir, elaborar e construir"** expressa de forma magistral a riqueza da clínica psicanalítica. Ela permite que passado, presente e futuro possam ter uma maior integração, ao abrir espaço para a ***restauração*** do que já foi vivido mas ficou danificado, e para a ***construção*** inesgotável dos elementos que formam um ser humano mais pleno.

Referências

ANZIEU, D. *Le moi-peau.* Paris: Dunod, 1985.

BICK, E. "The experience of the skin in early object relations". *Int. J. Psycho- Anal.*, 49: 484-486, 1968.

BOLLAS, C. *A sombra do objeto: Psicanálise do conhecido não-pensado.* Rio de Janeiro: Imago, 1992.

DIAS, E. O. *A teoria do amadurecimento de D. W. Winnicott.* Rio de Janeiro: Imago, 2003.

FREUD, S. "Recordar, repetir e elaborar (Novas recomendações sobre a técnica da Psicanálise II"). *In*: *Edição Standard brasileira das obras psicológicas completas de Sigmund Freud*. Vol. 12. Rio de janeiro: Imago, 1980. (Trabalho original publicado em 1914).

KHAN, M. M. R. *Psicanálise: Teoria, técnica e casos clínicos*. Rio de Janeiro: Francisco Alves, 1977. (Trabalho original publicado em 1963).

LEVINZON, G. K. *A criança adotiva na psicoterapia psicanalítica*. São Paulo: Escuta, 1999.

______. *Adoção*. São Paulo: Casa do Psicólogo, 2004.

ROUSSILLON, R. "Actualité de Winnicott". *In*: CLANCIER, A.; KALMANOVITCH, J. *Le paradoxe de Winnicott*. Paris: Press Éditions, 1999, p. 9-26.

WINNICOTT, D. W. "Aspectos clínicos e metapsicológicos da regressão dentro do *setting* psicanalítico". *In*: *Textos selecionados: Da pediatria à psicanálise*. Rio de Janeiro: Francisco Alves, 1988a, p. 459--481. (Trabalho original publicado em 1954-5).

______. "A tendência antissocial". *In*: *Textos selecionados: Da pediatria à psicanálise*. Rio de Janeiro: Francisco Alves, 1988b, p. 499-511. (Trabalho original publicado em 1956).

______. *O brincar e a realidade*. Rio de Janeiro: Imago, 1975. (Trabalho original publicado em 1971).

______. "Provisão para a criança na saúde e na crise". *In*: *O ambiente e os processos de maturação: Estudos sobre a teoria de desenvolvimento emocional*. Porto Alegre: Artes Médicas, 1983, p. 62-69. (Trabalho original publicado em 1962).

5. O comportamento autolesivo como sinal de esperança: O caso Beatriz

Gislaine Chaves;
Leila Salomão de La Plata Cury Tardivo

Introdução

O comportamento autolesivo tem sido comum entre adolescentes, preocupando pais, professores, profissionais da saúde e todos aqueles que direta ou indiretamente estão envolvidos com esses jovens, causando incômodo por se opor, justamente, ao instinto primeiro: o de vida.

A conduta autolesiva abordada neste trabalho difere daqueles comportamentos socialmente sancionados em algumas culturas e sociedades e que tem a ver com rituais de passagem relativos às diferentes etapas da vida ou realizados com fins estéticos (Araújo *et al.*, 2016). O objeto de estudo se refere à lesão provocada pelo sujeito contra si com a finalidade de dar conta de algo interno, às vezes sentido, percebido e/ou nomeado como uma dor, um vazio, ainda desconhecido, a ser descoberto, que o coloca em risco, tanto físico quanto psíquico, dadas as potenciais implicações decorrentes (Tardivo *et al.*, 2019a; Tardivo *et al.*, 2019b; Guerreiro; Sampaio, 2013).

No entanto, vale salientar que não se trata de um comportamento novo (Chaves *et al.*, 2019). Historicamente, as primeiras discussões sobre a automutilação e tentativas de descrição científica do fenômeno datam de 1938 sob autoria de Menninger (Favazza, 1996).

Naquela época, o autor concebeu o fenômeno como um suicídio parcial, isto é, uma maneira de evitar o suicídio propriamente dito e, portanto, de alívio da tensão emocional. Em 1960, com o surgimento da *Wrist-cutting syndrome*, o tema recebeu ainda mais destaque, tanto que Graff e Malin (1967 *apud* Favazza, 1996) descreveram os sujeitos constantemente envolvidos nessa conduta salientando sua relação com o sexo feminino, tendência ao comportamento adicto e dificuldades de relacionamento, visando, com o corte, o abrandamento de um desconforto interno.

Rosenthal *et al.* (*apud* Favazza, 1996), em 1972, avaliaram tal síndrome em *habitual cutters,* mulheres que se machucavam com frequência. Ao longo de seu estudo, os autores se depararam com uma série de autoagressões para além dos pulsos nas participantes investigadas, como fratura nos ossos e arranhões na pele. Os achados revelaram a presença de intenso sentimento de vazio e inutilidade com consequente alívio após o corte, levando os autores a considerarem o comportamento autolesivo como um modo desesperado de não sucumbir à despersonalização.

Com o passar dos anos, a nomenclatura para melhor definir o comportamento foi sendo alterada, tendo a contribuição de diversos autores (Favazza, 1996). Na atualidade, há duas definições mais utilizadas mundialmente: *Deliberate Self-Harm* (autodano ou autolesão deliberada) – envolve todos os comportamentos praticados pelo sujeito para se prejudicar, com a intenção ou não de morte, como, por exemplo, o abuso de álcool e drogas; e *Non Suicidal Self-Injury* (autolesão sem intenção suicida) – comportamentos realizados sem intenção de morte declarada, sendo consideradas as lesões superficiais da pele, como os cortes, arranhões e queimaduras (Guerreiro; Sampaio, 2013).

Dessa forma, o comportamento autolesivo implica, de modo resumido, em cortes na pele de diferentes partes do corpo, sem intenção de morte declarada, realizados com a expectativa de solução, alívio ou mudança de estado de humor diferente do atual, com prejuízos no funcionamento da vida cotidiana (APA, 2013). Pode ser considerado distinto do comportamento suicida, mas tem relação intrínseca com este, aumentando as chances do indivíduo se engajar em um tipo de conduta que pode levar ao fim da vida, mesmo não sendo o objetivo inicial (Guerreiro; Sampaio, 2013).

Muitas são as razões para a conduta na adolescência. A hipótese mais relatada nos estudos descreve que alguns jovens se autolesionam para evitar estados internos negativos e outros utilizam-no como um meio de comunicação com o mundo externo. A maior parte dos estudos também relacionam a conduta com situações de negligência familiar, rejeição e/ou vitimização pelos pares, presença de psicopatologia, como ansiedade e depressão no adolescente ou no responsável de referência, bem como presença significativa de sentimento de desesperança (Pollak; D'Angelo; Cha, 2020; Chaves *et al.*, 2019; Tardivo *et al.*, 2019a; Tardivo *et al.*, 2019b; Simioni *et al.*, 2018; Rasmussen, 2017; Jorge; Queiroz; Saraiva, 2015; Brunner *et al.*, 2014).

Nesse contexto, o comportamento autolesivo é entendido como um sinal de "falta de esperança e incapacidade para conseguir um sentido para lidar com as emoções, organizar um sentido de pertença e manter um sentimento sustentado de bem-estar" (Guerreiro; Sampaio, 2013, p. 214). Associado, portanto, à presença de intenso desconforto psíquico e ao fracasso nos campos individual, familiar e social, sendo uma demonstração deturpada da tentativa de mudar uma situação insustentável.

Como é possível observar, em muitos estudos sobre o comportamento autolesivo também é abordada a relação entre o sujeito e o ambiente e o sentimento de desesperança. Winnicott (1961/2005), renomado pediatra e psicanalista inglês, trata desses aspectos em sua *Teoria do Amadurecimento Pessoal*, reconhecendo que todos os indivíduos estão submetidos à lei da integração inata e sua consumação depende de um ambiente facilitador, capaz de promover as condições imprescindíveis ao seu surgimento.

Tal ambiente, nos primórdios do desenvolvimento, diz respeito à mãe, ou substituta (o), que consegue satisfazer as necessidades do bebê e não se perder nesse processo, exercendo tarefas de cuidado e atenção denominadas pelo autor de *holding* (sustentação), *handling* (manejo) e apresentação de objetos (Winnicott, 1961/2005). Nesse contexto, a experiência do lactente com o ambiente assume crucial importância e, na saúde, o bebê responderá por meio da integração psicossomática, enraizamento do soma e a personalização, aspectos atrelados ao desenvolvimento da capacidade de brincar e de criação do espaço potencial.

Na adolescência, o sujeito tem a chance de fortalecer as aquisições obtidas nesses estágios, bem como internalizar aquelas que não foram possíveis de serem agregadas em fases anteriores do processo de amadurecimento, situação que contribui explicitamente para o indispensável suporte da família e da sociedade, uma vez que nessa etapa da vida ocorre a reedição das vivências de sucesso e fracasso experimentadas na primeira infância com vistas à sua integração (Winnicott, 1961/2005). Dessa forma, quando o ambiente se mostra falho ou invasivo, "interrompe a continuidade do ser" e compromete a estrutura de ego, provocando paradas no processo de amadurecimento.

Como consequência, pode haver sérias dificuldades de integração psicossomática parcial ou total, com prejuízos na aquisição de confiança no mundo, levando a diversos comprometimentos psíquicos, como a tendência antissocial. Para Winnicott (1956/2000), tal tendência está relacionada à deprivação, isto é, ao sentimento que a pessoa tem de perda de algo bom, à desesperança decorrente e ao seu respectivo reclame. Por esse enfoque, trata-se de uma forma de reivindicação e de responsabilização do ambiente por sua perda.

Para Winnicott (1956/2000), subjacente à tendência antissocial se localiza a esperança do indivíduo em encontrar a compreensão necessitada para seu sofrimento e de prosseguir com seu desenvolvimento. No entanto, convém pontuar que, caso haja um ambiente que se proponha a dar a chance para o sujeito restituir suas relações com o mundo, o indivíduo poderá, inicialmente, a fim de testar sua confiabilidade, aumentar as agressões e ataques ao ambiente, de modo que, se não estiver obtendo vantagens secundárias com tal conduta, os ataques poderão diminuir ou cessar com o passar do tempo, dado o restabelecimento do sentimento de confiança.

Assim, na ânsia de lançar luz sobre o seu reclame, alguns adolescentes podem atuar por meio de comportamentos prejudiciais para si e/ou para os outros, como são, por exemplo, os comportamentos autolesivos. No contexto da Psicologia Clínica, ao se atender casos como esses é comum ouvir dos responsáveis discursos que remetem à angústia provocada por essas condutas, ora representada como raiva, ora como medo, tristeza e desespero. O entorno refere não saber mais o que fazer e o caos se instala, envolto, muitas vezes, em discursos que desqualificam o ato e culpabilizam o adolescente.

Nesses momentos, a busca por auxílio profissional se torna a saída possível para dar conta do volume das emoções que se apresentam. Winnicott (1956/2000) descreve a importância da psicoterapia como elemento de suporte para o restabelecimento do desenvolvimento emocional, referindo que alguns casos podem alcançar benefícios significativos com apenas algumas sessões, devido à presença do sentimento de esperança tão presente nas primeiras entrevistas.

Dessa forma, a fim de aprofundar a compreensão sobre o comportamento autolesivo na adolescência e sua relação com os aportes winnicottianos abordados, especialmente a noção de tendência antissocial, apresenta-se como ilustração o caso de Beatriz,[1] uma adolescente atendida por uma das autoras deste artigo no serviço-escola de uma universidade. Com ela, foi realizado o psicodiagnóstico interventivo. Neste estudo, daremos ênfase às primeiras sessões realizadas com a paciente e seus pais.

---

1 O estudo foi aprovado pelo Comitê de Ética em Pesquisa com Seres Humanos responsável, conforme Parecer Consubstanciado 3.906.773.

O caso Beatriz

Beatriz tem treze anos de idade, é filha de Patrícia e Mauro, e irmã mais velha de Michele, de dez anos. A família é evangélica, reside em bairro periférico de uma cidade do Estado de São Paulo e as filhas estudam em colégio público. A mãe entra em contato com a instituição e faz o agendamento. Embora tenha sido solicitado apenas o comparecimento dos responsáveis no primeiro atendimento, no dia, comparecem os três: mãe, pai e filha.

Ao encontrar a psicóloga, Patrícia se adianta e pede desculpa. Diz que insistiu para que Beatriz viesse, pois não havia entendido que ela não participaria da sessão. Diante da circunstância, a psicóloga pergunta para Beatriz se ela deseja participar da sessão, ao que esta responde com voz baixa: "*sim*". Então, Beatriz senta-se enrijecida na cadeira, de cabeça baixa e permanece por toda a sessão em silêncio, quase imóvel.

Quando questionados sobre o motivo do atendimento, Patrícia inicia o relato, dizendo: "*Faz alguns meses que Beatriz tem tido crises de ansiedade, acho que esse é o nome... ela entra num transe, enrijece as mãos e começa a se arranhar toda... eu ficava preocupada, mas achávamos que fosse coisa espiritual, então, começamos a orar mais na igreja, pois eu já tive... porém, agora está mais sério, ela tem se cortado com lâmina de apontador... e tenho medo de que as coisas saiam do controle*". Em seguida a mãe chora e o pai revira os olhos.

A psicóloga pergunta ao pai o que ele pensa de tal situação e ele responde: "*Comigo isso não acontece... a mãe passa muito a mão na cabeça, Beatriz sabe que se isso acontecer quando está comigo, eu não dou moleza mesmo... por isso, nunca aconteceu. Eu vim porque ela (a mãe) se desespera, mas não acho que precisava... eu não passo a mão na cabeça, ela (Beatriz) pode ter os problemas que for, mas é saudável... a mãe dela já teve isso e acho que agora tá acontecendo porque elas são muito juntas*".

A psicóloga questiona o que Beatriz pensa do que os pais falaram e ela nada responde, permanecendo cabisbaixa. A sessão transcorre com os pais que discorrem sobre a mudança de postura de Beatriz e os muitos conflitos com os amigos e professores, além do baixo rendimento escolar. Também afirmam ter encontrado no celular da menina grande quantidade de vídeos pornográficos e músicas de *funk* do tipo *proibidão*, o que os assustou muito. Ao final da sessão, Patrícia refere: *"minha filha mudou, estou perdida [...] ela gostava das nossas músicas, de ficar com a gente, teve até uma época que fazia pintura comigo"*, ao que Mauro retruca: *"você é muito desesperada, tão ansiosa quanto Beatriz, já estamos no psicólogo, estamos fazendo a coisa certa, tenha calma"*.

Na sessão com Beatriz, a mesma adentra a sala de atendimento e se acomoda, olhando para o chão. A psicóloga introduz o assunto resgatando a sessão anterior e o motivo do atendimento formulado por seus pais, salientando o compromisso do sigilo com Beatriz. A paciente assente, mas nada diz, permanecendo em silêncio. A psicóloga questiona sobre como se sente e ela diz: *"Eu não sinto nada"*; e volta a ficar em silêncio. Alguns minutos se passam e a psicóloga nota que se trata de um ponto crítico, sendo importante intervir. Assim, amparada pela fala de Patrícia no primeiro atendimento, solicita à Beatriz que faça o desenho que desejar.

Beatriz termina o desenho (Desenho 1) e, quando questionada, afirma: *"estou no olho do furacão, bem aqui no meio, parece que tudo está acontecendo comigo... me dá uma palpitação"*. A psicóloga pergunta se tal palpitação poderia ser nomeada de desespero e Beatriz começa a chorar, e diz: *"sim, me sinto tão desesperada, não sei o que fazer"*.

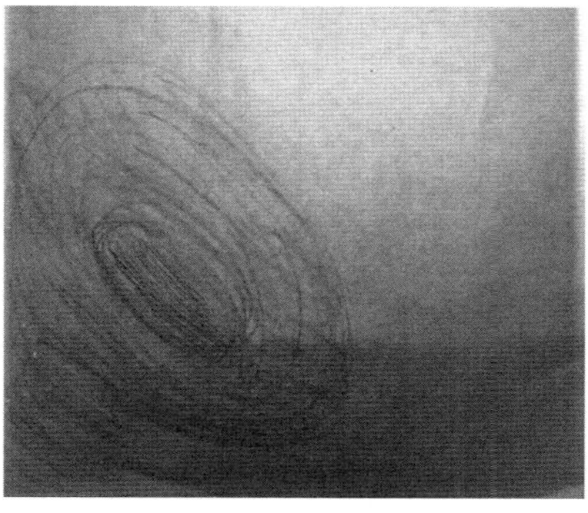

Desenho 1

Após algum tempo, enxuga as lágrimas e pergunta se pode fazer outro desenho. A psicóloga assente e ela inicia a produção (Desenho 2). Ao concluir, diz: *"dia desses sonhei com isso, uma flor e tipo um furacão, um terremoto, não sei... tudo tava desmoronando... tipo essa flor, tava morrendo, caindo... e é assim que tô"*.

A sessão transcorre tendo em conta tais sentimentos. Beatriz continua mexendo nos papéis enquanto se comunica. Quando questionada sobre o comportamento autolesivo responde: *"não sei porque me corto, sinto dor, mas é algo incontrolável... quando vejo já me arranhei até sangrar... de vez em quando uso a lâmina do apontador... traz alívio [...] olha, minha mãe e meu pai dizem que se preocupam, eu vi aquele dia... mas é tudo mentira, em casa só me xingam, dizem que sou vagabunda... eles não me amam mais"*.

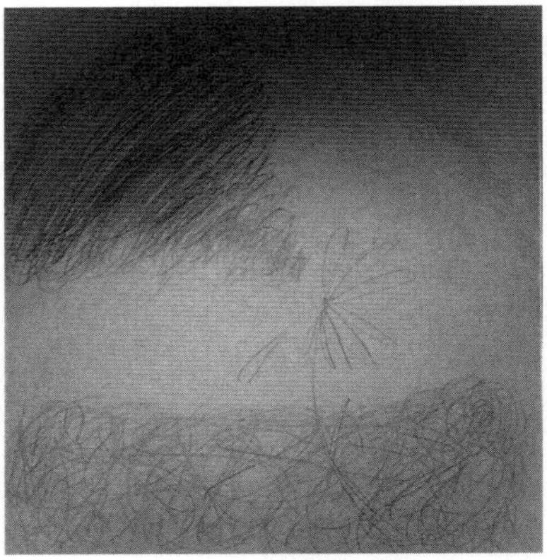

Desenho 2

Aprofundando esse ponto, Beatriz refere que, embora sua mãe a ajude durante as crises, ela e o pai desqualificam o comportamento e consideram que se trata de falta de trabalho, *"frescura"*. Quando questionada sobre o início das crises, consegue reconhecer, com alguma dificuldade, que ocorreram após se envolver com um rapaz e sua mãe descobrir que havia perdido a virgindade. Isso ocorreu porque sua mãe viu uma mensagem no celular e fez pressão até ela contar, reagindo furiosamente, agredindo e xingando-a: *"ela me bateu tanto que fiquei roxa, tive de vestir blusa comprida... disse muita coisa, que eu era uma vergonha, vagabunda [...] e comprou a pílula do dia seguinte para mim... meu pai não sabe..."*.

Enquanto narra sobre a briga, Beatriz desenha (Desenho 3). Este desenho contém parte de uma face e um emaranhado de linhas que se iniciam na garganta e sobem em direção à boca. Entre esses pontos há dois círculos fortemente sombreados. Próximo ao fim da sessão, Beatriz entrega o desenho à psicóloga e menciona: *"tem mais do que eu esperava dentro de mim"*.

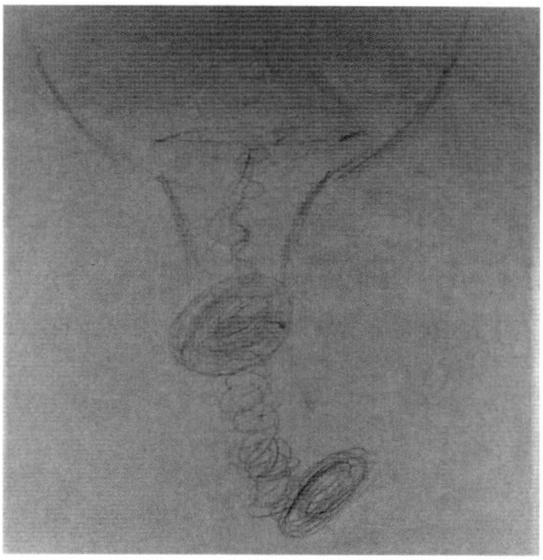

Desenho 3

Durante a semana, Patrícia entra em contato com a psicóloga por meio de uma extensa mensagem de Whatsapp. Nesta, justifica a atitude afirmando que tem o intuito de contar *"coisas que Beatriz não está contando"* e relata a descoberta do relacionamento da menina com o rapaz. Revela que se preocupa *"porque também engravidou e fez um aborto quando tinha treze anos"*. Acrescenta que seu marido é muito rígido, apesar de já tê-la traído e descreve fatos e percepções sobre os comportamentos de Beatriz. Frente a isso, a psicóloga sugere uma sessão extra.

Na data, Patrícia comparece e durante o atendimento seu relato centra-se na fúria que sentiu ao saber do relacionamento da filha. Relata os eventos e algumas vezes se compara à Beatriz: *"a gente quando é adolescente não tem nada na cabeça... eu não tinha"*. Em outros momentos, se confunde com a adolescente, dizendo: *"quando eu tinha treze anos eu não tinha Deus, não tinha orientação, pois não tenho pai... então, fazia o que queria, engravidei, mas tive de tirar... agora, tem orientação, pai, e faz o que faz?... Beatriz precisa de Deus"*. Nessa fala, a psicóloga questiona à Patrícia se percebe não deixar muito claro se fala de si ou de Beatriz e ela responde: *"desculpe... falei errado doutora, tava dizendo da minha filha, desculpe"*.

A sessão prossegue com a tentativa de ajudar Patrícia a reconhecer a confusão que tem feito entre ela e a filha. Em dado momento, Patrícia retoma: *"olha, eu engravidei com treze anos de um traficante, pois usava droga, talvez eu nem estivesse aqui hoje [...] Tava doida e Beatriz também"*. A psicóloga intervém, dizendo, *"mas sua filha não é você"*. A partir desse ponto, Patrícia refere sobre sua infância e adolescência, o aborto realizado e a relação com Mauro, chorando em muitos momentos. Ao final, refere: *"olha, acho que tô me confundindo... saio menos pesada daqui hoje, obrigada"*.

As três sessões seguintes ocorrem com Beatriz com o intuito de auxiliá-la na retomada de seu desenvolvimento. Também é realizada uma sessão individual com os pais visando implicá-los no processo de Beatriz. Assim, mudanças são observadas durante o processo: Patrícia cessa as mensagens via Whatsapp para a psicóloga e o pai passa a acompanhar Beatriz e a mãe nos atendimentos.

A última sessão é realizada. Opta-se por realizar um atendimento com os pais e depois em conjunto com Beatriz, já que esta não deseja participar da sessão com eles. Durante o atendimento com os pais, o foco se debruça sobre a importância do cuidado de Beatriz. Para tanto, aborda-se com Mauro o seu papel de pai e ele relata fatos de sua infância, mencionando a ausência de contato com as filhas. Mostra-se receptivo para pensar em alternativas de aproximação, referindo que gosta muito de cozinhar, assim como Beatriz, e talvez esse seja um caminho para melhorar a qualidade do contato entre ambos. Com Patrícia, a sessão visa reconhecer a relação entre mãe e filha. Patrícia menciona que as crises de Beatriz diminuíram e que ambas têm se comunicado melhor. Ademais, afirma que está, na medida do possível, atenta para não *"se misturar"* com a filha, *"tentando confiar no fruto"* que pôs no mundo.

Com a presença de Beatriz, a sessão visa dar espaço para a paciente que, mais falante do que no princípio, refere *"muita coisa saiu de dentro de mim... tô mais feliz agora... [...] ...também parei de me cortar"*. As questões relativas à queixa e à demanda são retomadas, sendo reforçada a necessidade de atenção aos pontos levantados. Os pais e Beatriz conversam entre si e o processo é finalizado.

Assim, importa notar que o psicodiagnóstico interventivo realizado lançou luz sobre a relação entre o comportamento autolesivo praticado por Beatriz e o conceito de tendência antissocial (Winnicott, 1956/2000). No caso investigado, o comportamento autolesivo se mostra como uma manifestação desesperada de retomar a esperança e a confiança no ambiente.

Sobre o conceito de esperança, o atendimento de Beatriz exemplifica o seu desvelamento. Inicialmente, a paciente apresenta dificuldades para entrar em contato com aquilo que causa angústia, contudo, por meio dos desenhos consegue acessar a conflitiva emocional latente. Em termos winnicottianos, a resistência inicial de Beatriz pode ser interpretada como hesitação, revelando a necessidade de emergência do gesto espontâneo. Nesse contexto, o papel e o lápis se tornam os objetos necessários, transicionais, para que ela se mova em direção a uma experiência compartilhada com a terapeuta (Winnicott, 1967/1971).

Durante a sessão, o choro e o sentimento de desespero se tornam presentes, mas a adolescente encontra maneiras de lidar com tais emoções, criando modos de representá-las. Os desenhos, bem como sua sequência, aprofundam os aspectos traumáticos experenciados por Beatriz. O primeiro (Desenho 1) se mostra indistinto (só existe o furacão), apontando para a turbulência psíquica e os reflexos no corpo (palpitação); o segundo (Desenho 2) retrata a vulnerabilidade sentida (flor despetalada) frente aos aspectos externos (furacão/terremoto); e o terceiro (Desenho 3), realizado espontaneamente, representa o encaminhamento do emaranhado interno, da dor, por meio da fala, isto é, do atendimento psicológico em curso.

Os dois primeiros desenhos escancaram a presença do excesso que desencadeia o encontro com o vazio, cuja angústia é insuportável (Chaves, 2018). Tal angústia pode ser concebida como a vivência de ansiedades impensáveis que produzem a sensação de invasão, de cair no infinito, e na revelação da falha ambiental que levou a entraves no desenvolvimento da concepção de si mesmo (Winnicott, 1961/2005). Assim, Beatriz, ao longo da sessão, revela a deprivação materna e paterna experenciada, isto é, sua dor por meio de palavras: os pais não confiam *mais* nela, e, por isso, não a amam, não se importam. O *mais*, enfatizado em sua fala "*eles não me amam mais*", explicita que um dia houve amor, e a perda deste instala como resposta a desconfiança (*"eles mentem"*) e a desesperança (*"não sinto nada"*).

No entanto, cabe pontuar que tal expressão demonstra ter contribuído para que Beatriz pudesse estabelecer nova relação com o ambiente, com sinais de esperança e de confiança na possibilidade de ser compreendida - amada - novamente. A sessão é finalizada como um novo desenho (Desenho 3), dessa vez menos abstrato que os demais, e que retrata a surpresa, o reconhecimento do volume das emoções e percepções em jogo.

De forma conjunta com o que se passava com Beatriz, o interesse da família em participar do processo psicodiagnóstico teve grande importância para a evolução do caso. O engajamento genuíno dos pais no processo psicodiagnóstico e, consequentemente, na recuperação do desenvolvimento da filha, possibilitaram maior aproximação de Beatriz, dado que favoreceu uma melhor relação entre a família, contribuindo, com isso, para a cessação dos comportamentos antissociais.

Considerando que a doença e a saúde se relacionam com o ambiente (Winnicott, 1967/1971), foi possível observar que Beatriz retrata a esperança do reencontro com o afeto dos pais. Com as modificações físicas e psíquicas, Beatriz e os pais se distanciaram, havendo pouco espaço para a elaboração de novos dinamismos, de modo que falhas ambientais primitivas foram reatualizadas com os eventos que se sucederam.

Considerações finais

Com base nas concepções da teoria winnicottiana, pode-se dizer que Beatriz sabia, inconscientemente, o que necessitava, o que faltava. Coube à psicóloga seguir e facilitar sua caminhada, permitindo sua existência, isto é, o aparecimento do gesto espontâneo e o (re)encontro com as experiências necessárias. Assim, pode-se dizer que a esperança esteve presente em Beatriz e em todo o processo de seu atendimento. A adolescente, seus pais e a psicóloga engajaram-se na tentativa de lidar com os conflitos emergentes, visando colocar em curso o processo de amadurecimento de Beatriz.

Referências

AMERICAN PSYCHIATRIC ASSOCIATION. *Diagnostic and Statistical Manual of Mental Disorders*: *DSM-5*. 5. ed. Arlington, VA: American Psychiatric Publishing, 2013.

ARAÚJO, J. F. B.; CHATELARD, D. S.; CARVALHO, I. S.; VIANA, T. C. "O corpo na dor: Automutilação, masoquismo e pulsão". *Estilos da Clínica*, 21(2): 497-515, 2016.

BRUNNER, R. *et al.* "Life-time prevalence and psychosocial correlates of adolescent direct self-injurious behavior: A comparative study of findings in 11 European countries". *Journal of Child Psychology and Psychiatry*, 55: 337-348, 2014.

CHAVES, G. *Adolescência e autolesão: Psicodiagnóstico como proposta de compreensão e intervenção a partir de um caso clínico.* São Paulo, Instituto de Psicologia, Universidade de São Paulo, 2018 (Dissertação de Mestrado).

CHAVES, G.; TARDIVO, L. S. L. P. C.; PINTO JÚNIOR, A. A.; ROSA, H. R. "O comportamento autolesivo na adolescência: Revisão integrativa da literatura". *Rev. Saúde*, 13 (1/2): 54-67, 2019.

FAVAZZA, A. R. *Bodies under Siege: Self Mutilation and Body modification in culture and psychiatry.* 2. ed. Baltimore: John Hopkins University Press, 1996.

GUERREIRO, D. F.; SAMPAIO, D. "Comportamentos autolesivos em adolescentes: Uma revisão da literatura com foco na investigação em língua portuguesa". *Rev. Port. De Saúde Pública*, 31 (2): 204--213, 2013 (Lisboa).

JORGE, J. C.; QUEIRÓS, O.; SARAIVA, J. "Descodificação dos comportamentos autolesivos sem intenção suicida: Estudo qualitativo das funções e significados na adolescência". *Análise Psicológica*, 33 (2): 207-219, 2015.

RASMUSSEN, S.; HAWTON, K.; PHILPOTT-MORGAN, S.; O'CONNOR, R. C. "Why Do Adolescents Self-Harm?". *Crisis*, 37 (3): 176-83, 2016.

SIMIONI, A. R. *et al.* "Prevalence, clinical correlates and maternal psychopathology of deliberate self-harm in children and early adolescents: Results from a large community study". *Rev. Bras. Psiquiatr.*, 40 (1): 48-55, 2018.

TARDIVO, L. S. L. P. C. *et al.* "Self-injurious behavior in preadolescents and adolescents: Self-image and depression". *Paripex – Indian Journal of Research,* 8 (6): 1-5, 2019a.

TARDIVO, L. S. L. P. C. *et al.* "Autolesão em adolescentes: Depressão, ansiedade e estudo compreensivo". *Boletim: Academia Paulista de Psicologia*, 39: 159-169, 2019b.

WINNICOTT, D. W. "O conceito de indivíduo saudável". *In*: *Tudo começa em casa.* São Paulo: Martins Fontes, 1971, p. 3-22. (Original publicado em 1967).

_____. "A tendência antissocial". *In*: *Textos Escolhidos: Da Pediatria à Psicanálise.* Rio de Janeiro: Imago, 2000. (Trabalho original publicado em 1956).

_____. *A família e o desenvolvimento individual.* São Paulo: Martins Fontes, 2005. (Trabalho original publicado em 1961).

6. Tatuagem como sinal de esperança: Um estudo de caso

Claudia Stella;
Ivonise Fernandes da Motta

A tatuagem não é uma novidade na história da humanidade. Registros arqueológicos relatam que tatuagens foram encontradas em múmias e que os egípcios se tatuavam já entre 4000 a 2000 a. C. Os habitantes da Polinésia, Filipinas e os Maoris se tatuavam, e em algumas tribos ainda se tatuam em práticas religiosas, e não raro temos notícias sobre tatuagem e escarnificação em tribos africanas para demarcar um ritual de passagem, especialmente do crescimento de menino para homem (Costa, 2003).

Várias questões históricas e sociais marcam as relações dos homens com a tatuagem, na Idade Média, por exemplo, elas foram proibidas por caracterizarem uma prática demoníaca; no Brasil, durante muitos anos elas foram associadas aos marinheiros ou à população penitenciária, pois muitas vezes representavam a prática criminal pela qual a pessoa estava presa (Costa, 2003).

Nos dias atuais, talvez por essas questões sócio-históricas, a tatuagem continue sendo uma marca controversa, porém, que vem aos poucos adquirindo um novo *status*, muitas vezes relacionado à expressão da subjetividade e/ou expressão artística.

O corpo sempre teve significados sociais e subjetivos, sendo objeto de representações e imaginários, um veículo de expressão humana, bem como o objeto que relaciona o homem a este mundo. O corpo é, na contemporaneidade, objeto de frustração, sofrimento e, por que não dizer, expressão.

Tatuar o corpo pode ter uma representação de diferenciação e singularização para aquele que se tatua; tornando o corpo um *outdoor* da sua história, o ser subjetivo se objetiva por meio de tatuagens e formas de sofrimento psíquico podem deixar marcas na pele, por meio de tatuagens que o expressam. O outro aqui se torna espectador de uma construção subjetiva.

Toda tatuagem tem uma história e um significado, mesmo que inconsciente, para quem a possui que ganha reconhecimento na exposição ao olhar alheio. Inscrições na pele de desejos, memórias e afetos, muitas vezes fazem o corpo deixar de ser corpo para se tornar uma tela onde se projeta história e trajetória.

Neste artigo, temos como objetivo, por meio de um estudo de caso, discutir e refletir a tatuagem como uma marca de expressão subjetiva que pode muito bem representar marcas e cicatrizes da alma: marcas de batalhas, sobrevivência, ressignificação e vitória em guerras internas, representando as forças mais primitivas de esperança em continuar a existir.

Caracterização de quem carrega na pele as telas de suas marcas subjetivas

É importante destacar que o material apresentado neste estudo de caso foi colhido em uma conversa entre a psicoterapeuta e a paciente, com a anuência por escrito da paciente, ambas conversaram em um outro momento além da psicoterapia, mas no mesmo *setting*, sobre as tatuagens feitas durante o processo terapêutico que vem sendo realizado nos últimos seis anos e que ainda continua em andamento. Consideramos esta parte do texto uma construção conjunta, embora exista muito do olhar da analista nesta escrita.

Clara[1] chegou para terapia no início de agosto de 2013, aos dezenove anos, e atualmente está com 25 anos. Chorou muito nas primeiras sessões, difícil de localizar a queixa, mas muito assídua. Após algumas sessões, resolvemos fazer uma terapia para autoconhecimento. De personalidade muito doce e educada, demonstrava sensibilidade e inteligência ímpares.

Quando chegou estava cursando farmácia em uma universidade pública e também gostando de um garoto que não a assumia como namorada e nem como uma referência afetiva. Fisicamente, sempre foi muito diferente das outras garotas da sua idade e classe social. Usa cabelo colorido, tatuagens e piercings e os carrega como forma de expressão de sua singularidade.

No decorrer do processo foi se autoconhecendo, se desenvolvendo e tomando as decisões necessárias para uma vida mais cheia de sentido. Um primeiro passo neste sentido foi quando se deu conta de que estava muito infeliz com o curso de farmácia e teve coragem para desistir, inclusive tendo que enfrentar a sua família, que era completamente contra essa decisão.

Descobriu sua vocação como escritora, adorava escrever e gostaria de buscar a escrita como profissão, descoberta realizada durante o processo de orientação profissional, realizado em terapia. Escreveu seu primeiro livro, com muitos altos e baixos, muitas vezes relatava que estava muito animada e que escreveu horas, outras que passava semanas sem conseguir escrever, muitas ideias a atrapalhavam, contudo, terminou o trabalho, mas ainda não conseguiu fazer a última revisão para tentar uma publicação.

Durante este período é aprovada no vestibular para um curso de arte, gosta de algumas disciplinas do curso, em outras tem muitas dificuldades, não intelectuais, mas de se ver obrigada a assistir e participar de atividades que não agregam em nada a seus conhecimentos.

1 Nome fictício.

Em 2017, faz uma interrupção na sua graduação e decide ir para a Alemanha com o namorado. Seu objetivo inicial é tentar fazer uma graduação em artes lá, mas antes teria que atingir um nível alto de proficiência em alemão. Neste período, ela tem que cuidar da casa e resolver coisas da vida cotidiana em alemão, o namorado não ajuda em nada e se apresenta muito adoecido psicologicamente, nesta mesma época ela solicita que as sessões *on-line* passem a ser quinzenais, o que foi desaconselhado pela terapeuta, mas decidido pela paciente. Isso, junto com outros fatores, acarretou em um prejuízo bastante significativo para ela.

Em 2018, Clara volta muito deprimida da Alemanha, então, passamos as sessões para duas vezes por semana, ela é encaminhada para um acompanhamento psiquiátrico e passa a fazer uso de antidepressivos. O diagnóstico clínico fornecido pelo psiquiatra é de transtorno de personalidade, com fobia ao crescimento. Alcançando a melhora em 2019, passamos suas sessões para uma vez por semana novamente.

As tatuagens fazem parte de seu processo de desenvolvimento e crescimento, são marcas indeléveis de sua personalidade e da condução de sua vida, "é como se elas sempre estiveram lá, como parte de mim" (*sic*).

O vínculo com a terapeuta é bastante positivo, ela é muito sensível e inclui a terapeuta no seu processo de construção subjetiva, mesmo fora do *setting* terapêutico, como, por exemplo, quando pediu à analista para ler o livro *Água Viva* de Clarice Lispector, ou quando faz uma viagem muito significativa e traz algo desta viagem para a terapeuta, o que pode significar que mantém viva a relação e continua seu processo mesmo quando afastada da terapeuta.

Quando decide fazer uma nova tatuagem sempre discute em terapia seu processo de escolha e os significados que esta traz para ela. Tem a seguinte fala sobre suas tatuagens: "Assim como toda obra de arte, ela vai meio que se ressignificando, a gente faz por um motivo e aí descobre um outro motivo. E daí conforme a gente vai falando sobre, nossa, é isso, conforme foi acontecendo agora. Acho que só comecei com uma ideia e ela foi meio que se desenvolvendo sozinha, sabe? Tipo, só indo, e faz muito sentido".

Assim, as tatuagens como marcas projetivas podem ter diferentes significados com o passar do tempo, assim como revemos nossa história depois de já termos adquirido um outro patamar de desenvolvimento.

Tatuagem e esperança: a história de vida contada por meio de simbolismos impressos na pele

O tema da esperança já foi discutido por alguns psicanalistas e muitas vezes ela é situada numa fase muito específica de desenvolvimento. No início da vida, por uma peculiar condição psíquica, o bebê entende que criou o mundo, que o adulto está lá para fornecer para a "sua majestade, o bebê" tudo o que este necessita para seu conforto físico e emocional, ainda mais se este bebê tiver a sorte de ter uma mãe suficientemente boa, que está atenta às suas necessidades.

Dentre as teorias do desenvolvimento humano com base psicanalítica, encontramos na obra do psicanalista Erik Erikson (1902-1994) uma teoria sobre o ciclo completo de vida, em grande parte elaborada com base na teoria da personalidade desenvolvida por Freud.

Para o autor, organizamos a nossa vida em três eixos: *soma*, que se refere ao corpo e sua existência; *psique*, que corresponde ao processo de desenvolvimento do Ego que realizamos em nossas experiências, isto é, atribuímos sentidos psíquicos àquilo que vivenciamos, que pode nos ajudar em nossa caminhada na terra ou nos paralisar diante de experiências traumáticas; e *etos*, no qual baseamos nosso poder ético em relação à sociedade na qual estamos inseridos (Erikson, 1998).

Assim, ao pensarmos em tatuagens, podemos entendê-las como um fator multifacetado que envolve os três eixos organizadores. Especialmente no estudo de caso apresentado, Clara integra sua psique com marcas expressas no corpo (*soma*) por meio de suas tatuagens, que embora não correspondam a um padrão ético universal, trazem um *etos* próprio, ligado ao grupo ao qual pertence. Como exemplificado em sua própria fala:

> **Clara:** – Tinha esta ideia da fênix de reviver das cinzas. Tanto que eu decidi fazer ela em preto e cinza e não colorida, porque supostamente, ela não existe, mas supostamente ela é um ser colorido, aí eu quis fazer em cinza para ser os dois lados dela, porque não dá para fazer só cinza, então para mim foi este negócio do revivendo, mas conforme eu fui fazendo ela, eu fui sentindo mais disso em mim, não sei se fez sentido.
>
> **Terapeuta:** – Fez sim.
>
> **Clara:** – De, tipo, eu realmente me revivi, então aconteceu meio que ao mesmo tempo, meio que junto, enquanto ela estava sendo criada eu estava revivendo. A fênix foi meio um processo junto.

Em outra fala:

> **Clara:** – Ele (tatuador) só disse que é assim que ele me vê: mágica, mas também misteriosa, meiga, mas também não só fofa, sabe? Então eu acho que ela (uma tatuagem de uma fada, que tem na perna esquerda) me representa um pouquinho, e eu gosto bastante dela também porque eu acho... eu sinto que ela é uma personagem que não apareceu no meu livro, mas é isso, porque meu livro é sobre fada e tal e todos eles são meio que supostamente da mesma espécie. Tipo porque não existe, mas se existisse... e a minha personagem tem cabelo rosa e várias pessoas têm cabelo colorido e então eu sinto que ela sou eu neste mundo, só que ela não aparece no livro, mas ela tá lá, sabe? Faz parte deste mundo, e daí eu sinto que também faz parte da minha imaginação, de como eu seria no mundo de imaginação.

Com uma ética e integração próprias, Clara pode circular com a sua subjetividade e expressar uma autoimagem que integra a percepção que tem de si mesma com a sua capacidade produtiva, a fada que tem tatuada na perna está presente em sua obra, não só como autora, mas também como testemunha do seu desenvolvimento. Clara constrói o seu mundo, no qual a esperança se manifesta na liberdade de ser ela mesma, ainda que num mundo ficcional.

Para Erikson passamos por crises normativas, isto é, que fazem parte de um desenvolvimento normal, pelo princípio epigenético que pressupõe a maturação dos eixos em determinada fase para que possamos seguir para vivenciar novos dilemas e desafios de uma nova etapa de desenvolvimento, mas ao mesmo tempo utilizando os recursos que adquirimos em etapas prévias.

Para o autor, iniciamos nosso percurso desenvolvimental com a crise confiança *versus* desconfiança. Neste primeiro momento há uma completa dependência do bebê em relação à mãe (ou de quem representa o papel de cuidador deste bebê). Aqui, o bebê precisa receber e aceitar o que lhe é dado, utilizando para isso o mecanismo de sucção.

O modo de "sugar" é a primeira modalidade social aprendida na vida e é aprendida em relação à pessoa materna, o "outro primal" do primeiro espelhamento narcíseo e apego amoroso (Erikson, 1998, p. 36).

Quando o bebê consegue estruturar o que recebe e aprende a fazer com que alguém lhe dê o que precisa, começa a estruturar sua realidade e desenvolve um núcleo adaptativo para futuramente poder ser um doador.

A segunda etapa se inicia com o aparecimento da primeira dentição infantil, por meio da qual o bebê pode morder as coisas e arrancar pedaços dela, num modo que Erikson denominou de ativo-incorporativo. Vemos em Clara as duas etapas para a criação de uma vida cheia de esperança, de um modo dialético ela realiza um espelhamento narcísico em suas tatuagens, com um apego amoroso, elas representam uma proteção, ao mesmo tempo em que as incorpora em seu corpo: "Então é tudo muito recente, muito doido, não parece, eu sinto que elas fazem parte de mim desde sempre. Mas elas são jovens" (*sic*).

A passagem por este período desenvolvimental já se constitui em um desenvolvimento adaptativo, orientado pela lógica cultural na qual estamos inseridos. Um bebê será trazido ao mundo de acordo com sua cultura, assim como receberá os primeiros cuidados também baseado nela. Assim, um bebê nascido em Nova Iorque terá um início de vida diferente de um bebê nascido na Mongólia, embora biologicamente possam ter as mesmas necessidades, estas serão supridas de acordo com a cultura de suas mães.

Se o bebê tem uma relação inicial bem estabelecida com a mãe, mesmo que esta seja intermediada pela cultura, pode desenvolver a força básica de esperança – essencial para os estágios posteriores de seu desenvolvimento. Incluindo a nossa última fase de vida conceituada por Erikson: integridade *versus* desespero, na qual a sabedoria surge como força básica que, baseada na esperança, pode proporcionar um envelhecimento bem-sucedido (Stella; Cameron, 2018). Assim, no final da nossa vida voltamos ao começo, buscando na esperança a sabedoria para integrar nossas experiências vividas e nos prepararmos para deixar esta existência.

Para Clara, a esperança também pode ser representada na tatuagem que possui e que representa vida e proteção, como podemos ver no trecho a seguir:

> **Terapeuta:** – E qual é o significado desta? (Pergunta apontado para uma tatuagem no braço de Clara.)
>
> **Clara:** – Esta é a vida do *videogame* Super Mario, então esta é a vida, não a vida que deixa ele grandinho, é a vida que se você morre, você ganha outra vida para continuar jogando, é só isso, é basicamente isso, é só uma vida.
>
> **Terapeuta:** – E a estrelinha? (Em um braço Clara tem a vida e no outro ela tem a estrelinha.)
>
> **Clara**: – A estrelinha é também do *videogame* e quando você pega ela nada te faz mal, é um superpoder e nada te machuca, então você passa por todos os negócios e as coisas que te matariam normalmente, não te matam, as duas coisas me faziam muito sentido na época e também um pouco agora, porque eu tenho umas fases tipo... E não sei. Eu já falei algumas vezes, eu tenho uma energia que eu não consigo controlar, super alta e meio impulsiva, e aí, tipo, nada de ruim vai acontecer...

Aprimorando o sentimento de que o mundo é bom, que os adultos não o abandonarão e que o mundo externo possui uma certa previsibilidade, o bebê estruturará sua confiança. Erikson destaca ainda que a confiança e a esperança são requisitos básicos para o desenvolvimento da fé e da religião. Mesmo com um certo desequilíbrio, Clara é capaz de criar um novo mundo, em sua obra ficcional, um mundo que está sob seu controle, que é previsível, assim como tem controle sobre o que vai na sua pele. Muitas vezes, para ela, a tatuagem se assemelha ao seu totem, assim, a pele, que já é um órgão de proteção, ganha superpoderes deixando-a ainda mais protegida.

Aqui podemos pensar nos bebês que não tiveram a possibilidade de vivenciar uma relação qualitativa de maternagem, seja com sua própria mãe ou com um cuidador substituto, o que pode gerar a resolução da antítese desta crise psicossocial pela dimensão da desconfiança e pela crença de que o mundo e a sociedade não sejam lugares bons e confiáveis. E talvez outras tatuagens possam vir deste tipo de interações sociais, no caso de Clara suas tatuagens a envolvem como uma segunda pele na criação de um mundo bom, mesmo que com marcas de sofrimento que são transmutadas em arte e em proteção.

Sinais de esperança: *quero ficar no teu corpo feito tatuagem*

As tatuagens ganham cada vez mais popularidade e lugar, tanto entre os jovens como em outras faixas etárias. Homens e mulheres registram marcas, nomes e imagens no corpo.

Assistimos gradativamente a mudança da tatuagem de um lugar marginal, sua origem histórica, para um lugar de celebração. Nomes e imagens marcam com singularidade os corpos registrando uma história.

A adolescência é uma fase de profundas mudanças em todos os aspectos do viver. Época de grande turbulência, na qual questões vitais entram em primeiro plano: sexualidade, escolha profissional, entrada no mundo adulto. Uma época na qual o que EU SOU, o que EU necessito e o que EU desejo ganham primazia.

Qual a capacidade de desejar que estamos constituindo no século XXI? Temos condição de nos colocarmos no mundo no lugar de sujeitos de nosso desejo? Frente a tantas e diversificadas demandas do mundo externo onde o EU SOU e EU DESEJO estão inseridos? Quais condições de desenvolvimento dessas capacidades?

Assistimos nas últimas duas décadas as tatuagens adquirirem lugar de relevância tanto na idade adulta quanto na meia idade e até nas últimas décadas do viver.

A cultura atual dá primazia ao ter, ao produzir, à penetrância, à ação, ao fazer. Surge a pergunta: onde está a receptividade, o acolhimento, a renúncia, a comunhão, o encontro?

Em qual lugar estão inseridos em nosso cotidiano e em nosso viver o encontro consigo mesmo, e com o outro ou os outros significativos de nossa história e de nossa subjetividade?

Para a constituição da capacidade de desejar, da capacidade de encontro consigo mesmo e com o outro necessitamos de sustentação do ambiente. Sustentação que possibilita comunhão com encontros significativos. Dentro dessa perspectiva necessitamos de bons pais ou cuidadores no início e ao longo de toda nossa existência. Necessitamos de pais substitutos suficientemente bons, um ambiente que forneça bons cuidados, que nos acolha e nos coloque em condições de encontro com o mundo externo. Encontro com os registros de casais em união em nossa realidade subjetiva e em decorrência dessas marcas a tendência em somar, unir e compor.

Chico Buarque de Holanda traduz muitas das questões descritas acima através de poesia na popular canção "Tatuagem":

"**Quero ficar no seu corpo feito tatuagem que é pra te dar coragem pra seguir viagem, quando a noite vem**". Em um mundo tão complexo característico do século XXI, em 2020, o lugar da acolhida e proteção se faz necessário. Necessidade tão imperiosa quanto é a pele como camada protetora de nosso corpo, único lugar possível de termos existência.

"E também pra me perpetuar em tua escrava que você pega, esfrega, nega, mas não lava...". O corpo que nos apropriamos nos meses iniciais de vida através do diálogo corporal com um outro, a mãe ou substitutos, possibilita a constituição da noção de um lugar dentro do corpo, dentro dos limites que a pele contém e um lugar fora desses limites. Constituição de um EU CORPORAL com limites definidos. Base fundamental para a chegada ao EU SOU e EU DESEJO.

"Quero brincar no teu corpo feito bailarina, que logo se alucina, salta, e te ilumina quando a noite vem...". A capacidade de brincar, de união com o outro na qual somar, unir e compor é o viver dia a dia com clima de alegria e comunhão em parceria, espontânea e divertida.

"E nos músculos exaustos do teu braço repousa frouxa, murcha, farta, morta de cansaço...". O relaxamento típico e possível na condição de repouso. Repouso em lugar confiável e seguro.

"Quero pesar feito cruz nas tuas costas, que te retalha em postas, mas no fundo gostas, quando a noite vem...". Lugar de confiança e segurança no qual os mais diferentes sentimentos e vivências têm lugar e acolhida.

"Quero ser a cicatriz risonha e corrosiva, marcada a frio, ferro e fogo. Em carne viva...". O corpo que nos liga ao prazer e à dor. A dor que nos marca com a qualidade de estarmos vivos. Semelhante à uma tatuagem que com dor registra marcas indeléveis e singulares de nossa existência.

"Corações, arpões, sereias, coroas e serpentes que te rabisca o corpo todo, mas não sentes...". Tantas marcas diferentes e singulares registrando uma identidade, que adquire visibilidade pelo olhar de um outro, de outros, à medida que caminhamos no espaço e no tempo de nossa existência.

Os versos de Chico Buarque, com poesia e beleza, marcam alguns dos aspectos da necessidade e do desejo de registrar nossa história de maneira indelével e definitiva no corpo.

Estabelecer contato, registrar e fortalecer o casal (mãe e pai) em união dentro de nós é o lugar seguro para seguir jornada em um mundo tão paradoxal, complexo e multifacetado, característico do século XXI, do ano de 2020. Lugar onde a criatividade, a ilusão mágica, a comunicação com reciprocidade facilitam o transitar para a realidade objetiva, para o mundo real.

A psicoterapia, experiência de encontro com comunhão e reciprocidade, cada vez mais tem adquirido a característica de necessidade. Necessidade de interlocução possibilitando o fortalecimento de fronteiras do ego, do EU SOU e do EU DESEJO. Lugar de união entre o ter e o ser, entre o produzir e o existir. União entre a comunicação silenciosa e a comunicação com o outro, com os outros e com o mundo.

Ilusão, magia, desilusão, realidade, alegria, adquirem lugar e dão sustentação para o caminho com perspectiva de futuro.

"Quero ficar no teu corpo feito tatuagem, que é pra te dar coragem pra seguir viagem..."

Referências

COSTA, A. *Tatuagens e marcas corporais: Atualizações do sagrado*. São Paulo: Casa do Psicólogo, 2003.

ERIKSON, Erik H. *O ciclo de vida completo*. Porto Alegre: Artmed, 1998.

MOTTA, I. F. "Algumas palavras sobre o viver criativo com o olhar de D. W. Winnicott". *In*: MOTTA, I. F. (Org.). *Psicanálise no século XXI*. Aparecida: Ideias & Letras, 2006, p. 99-116.

______. "A Psicanálise no século XXI: Um momento de reflexão". *In*: MOTTA, I. F. (Org.). *Psicanálise no século XXI*. Aparecida: Ideias & Letras, 2006, p. 28.

STELLA, Claudia; CAMERON, Ann. C. *Psicologia do Desenvolvimento - "Um Dia na Vida" de Pessoas Bem-Sucedidas - Metodologia da Pesquisa Audiovisual em Psicologia Transcultural, Educação e Comunicação*. Curitiba: Juruá Editora, 2018.

7. O desenvolvimento da capacidade de amar na prática clínica

Adriana Marie Kimura; Ivonise Fernandes da Motta Catafesta;
Gina Khafif Levinzon

Transforma-se o amador na coisa amada,
por virtude do muito imaginar;
não tenho logo mais que desejar,
pois em mim tenho a parte desejada.

Se nela está minha alma transformada,
que mais deseja o corpo de alcançar?
Em si somente pode descansar,
pois consigo tal alma está liada.

(Camões)

Introdução

Para Melanie Klein, a capacidade de amar e a tendência para a integração são capacidades inatas, desenvolvidas apenas se a ansiedade persecutória e depressiva não forem excessivas (Klein, 1952). Para Klein (1960), ainda no começo da vida a criança já demonstra tal capacidade em sua relação com o ambiente. Contudo, Klein sempre notou que os fatores ambientais também teriam seu papel, ao confirmar ou não tais aspectos do mundo interno do bebê, fortalecendo, então, impulsos destrutivos ou amorosos. Assim, o desenvolvimento da capacidade de amar diz respeito a uma combinação de fatores externos e internos.

O objetivo deste trabalho é ilustrar o surgimento do outro e o vislumbre da capacidade de amar na prática clínica, levando em conta a celebração dos instintos de vida do paciente e suas implicações na prática clínica.

Primeira forma de amor: amar é possuir o outro

No início do tratamento, Sara, uma jovem arquiteta, casada, buscou terapia devido a crises conjugais. Apresentou-se com alto risco de suicídio e prevalência de funcionamento por *acting-outs*. Relatou crises de pânico, medo de ficar sozinha e dependência. Tinha relação predominantemente idealizada do outro e sentimentos de desvalia. Klein (1960) nos lembra que a manutenção do *splitting* é necessária para fornecer certa segurança da relação com a mãe amada e desenvolver a capacidade de amor, a fim de preservar os aspectos bons da mãe, interna e externa. Esta é a precondição para a boa relação com a mãe no desenvolvimento normal (Klein, 1960). Contudo, o excesso de projeções de aspectos bons de si resulta no enfraquecimento do ego – com a projeção, o indivíduo sente como se perdesse partes suas para o objeto. Com isso, há uma excessiva dependência em relação a estes representantes das partes de si. Uma consequência disto é que a capacidade de amar é perdida, uma vez que o objeto amado é amado especialmente como representante do *self* (Klein, 1946).

Diante desta configuração de relação com objetos em que há a projeção de partes do *self* no outro, o sentimento de onipotência é prevalente e a relação de objeto é caracterizado pelo controle destas partes de si no outro. Os sentimentos de onipotência podem ser notados, por exemplo, no desejo de ter o controle sobre o outro. Frente ao sentimento de onipotência e de culpa relacionada, o indivíduo pode fazer uso de reparação maníaca: "*Pedi perdão a ele. Me sinto culpada por não ter sido a mulher que ele queria*". O uso de defesas maníacas é uma forma de ter o controle sobre o objeto de amor, negando sentimentos de desamparo, dependência e da possibilidade de diferenciação do objeto. A percepção da diferenciação traria angústia, sentida como um aniquilamento. Na fantasia, o objeto idealizado deve ser sentido como parte de si, como que criado por ele mesmo – este objeto como parte de si poderia, então, mantê-la inteira e ininterruptamente gratificada. Contudo, o aspecto externo do objeto é negado e sua resposta pouco efeito tem sobre a realidade.

Assim, quando a relação de objetos é prevalentemente parcial, característico da posição esquizoparanoide, o objeto amado é sentido como um representante do *self* destas partes projetadas. Isto implica numa relação de dependência perante o objeto e a relação se caracteriza pelos sentimentos de onipotência, da necessidade de possuir o outro e controlá-lo. A diferenciação e o desamparo do sujeito frente ao objeto de amor, bem como a realidade psíquica do indivíduo são negados.

A relação terapêutica e a celebração dos instintos de vida

"Um minuto inteiro de felicidade!
Não é isto que basta para preencher toda uma vida?"

(*Noites Brancas*, Dostoiévski)

A capacidade de amar diz respeito também à capacidade de sentir-se amado. Com a finalidade de vislumbrar o desenvolvimento de tal capacidade na prática clínica, considera-se o artigo "On Identification" de Klein (1955), em que a autora demonstra como o personagem Fabian descobre sua capacidade de amar: para sentir o amor, ele teve que resgatar seus objetos ideais internos perdidos. A partir daí, Fabian descobre o amor por si mesmo. Apenas diante do encontro de seus objetos internos bons, Fabian pôde identificar-se com eles. O *self* bom é aquela parte da personalidade que é sentida como tendo uma relação amorosa com seus objetos internos e apenas no resgate e fortalecimento deste objeto interno bom – e com o fortalecimento do ego e a integração do ego e do objeto – o indivíduo pode desenvolver a capacidade de amar e sentir-se amado.

Diante das considerações expostas, evidencia-se a necessidade de trabalhar o resgate e o fortalecimento do objeto interno bom. Para isto, consideramos Bollas (1993) que destaca a importância da consideração dos instintos vitais do paciente e a celebração destes instintos pelo psicanalista. O autor chama atenção ao fato dos psicanalistas enfatizarem o trabalho sobre a análise da transferência negativa, negligenciando aspectos que dizem respeito aos instintos vitais do paciente. Assim, avalia-se a celebração da analista sobre a chegada das representações instintuais do paciente, considerando a sua importância para o fortalecimento do objeto interno bom e o desenvolvimento da capacidade de amar.

Sara contou um episódio em que brigou com o marido: no calor da briga, chegou a pegar na arma para matar-se. O marido intervém na ação e a impede. Neste momento a paciente lembra-se da terapeuta e da preocupação desta com o risco de suicídio. Por fim, a paciente pede para que o marido a leve ao hospital, para ser cuidada. A figura da analista é recordada no momento após a briga: postula-se que a paciente tenha tido capacidade de introjetar aspectos da analista e teve a capacidade de sustentar a memória de seus aspectos bons naquele momento em que objetos perseguidores eram prevalentes. As intervenções não passavam de constatações do que se via na paciente, mas que, para a paciente, podiam ser consideradas desconhecidas nas suas capacidades:

> *Terapeuta: Depois do que ocorreu, você conseguiu pensar, conseguiu se cuidar, tomou decisões certas, pediu para que ele te levasse ao hospital, para ser cuidada. Você soube se cuidar neste momento.*

Desta forma, além do evidente desespero causado pela experiência, destaca-se também a capacidade que a paciente teve de cuidar de si nos momentos de angústia e conflito: alguma força dos instintos de vida esteve presente e prevaleceu. Dá-se destaque a este aspecto que, se não fosse mencionado, poderia ter sido facilmente negligenciado na análise. Com este apontamento, pode-se fortalecer tal aspecto, validando-o. Tal validação mostra-se como um registro afetivo pela analista de uma experiência do analisando e introduz-se um fator que é desconhecido pelo paciente.

A situação relatada ocorreu uma semana antes das férias da analista. Diante desta situação a analista afirma que ela poderia contatá-la durante as férias, caso necessitasse. No entanto, a paciente não a contatou. Quinodoz (1993) notou como alguns pacientes entendem as férias do analista como uma confiança que o analista deposita na capacidade do paciente para a sua autonomia. Com isso, o paciente sente que o analista espera que ele encontre em si mesmo os recursos que ele pensa que apenas o analista dispõe (Quinodoz, 1993). Tal observação foi notada neste caso. Ao retornar à análise após as férias, a paciente afirmou:

> *Fiquei pensando que você confiava em mim, que eu iria conseguir. E eu consegui (ficar sem contatar a analista).*
>
> *Terapeuta: Você soube conter seus sentimentos, suas angústias neste período, conseguiu ficar sozinha. Soube se cuidar.*

Neste caso, assim como Bollas (1993), Quinodoz (1993) também chama atenção ao fato dos analistas muitas vezes interpretarem a defesa (o temor de que o analista abandone o tratamento diante das férias), negligenciando o sentimento positivo decorrente da experiência. Para a paciente, o período de férias da análise foi uma experiência muito significante: teve de lidar com a ausência do objeto bom externo em um momento em que os conflitos de seu mundo interno e externo eram insuportáveis e quando ela pensava em se suicidar. Ainda assim, pôde sustentar dentro de si a memória da analista introjetada, que confia em sua capacidade para cuidar de si. Quinodoz (1993) ressalta que o entusiasmo do paciente diante do sentimento de independência pode ser entendido pelo paciente como uma sensação de estar abandonando seu analista. Por este motivo, Quinodoz (1993) destaca a necessidade de que o analista expresse o caráter positivo desse movimento para a independência. Assim, pode-se chamar atenção ao fato de que a relação com o objeto permanece. Contudo, a relação agora adquire outra qualidade: a liberdade concedida ao outro "*torna-se a prova de confiança e condição do amor objetal*" (Quinodoz, 1993, p. 172). Portanto, Quinodoz (1993) também defende a necessidade de se destacar e interpretar os aspectos positivos dos sentimentos, quando, após o período de férias da analista, o paciente consegue sustentar-se sem a profissional.

Além da celebração dos instintos de vida, deve-se notar que também os aspectos destrutivos foram considerados no tratamento: por exemplo, a paciente dizia coisas e usava seus privilégios para ter controle sobre o marido. Nestas abordagens, a paciente aceitava tais pontuações e as assumia, confirmando que possuía este "lado malvado". Klein (1946) lembra que os impulsos agressivos dos sentimentos e da personalidade relacionam-se, internamente, com o poder, a força e a potência. Com o tempo, Sara passou a fazer progressos em relação a adquirir maior autonomia de vida. Pôde também celebrar e valorizar suas conquistas. Quando conseguiu andar pelas ruas sozinha, celebrou:

> *É algo pequeno para outras pessoas, mas para mim tão grande. Estou muito feliz de ter conseguido. Senti que queria comemorar por ter conseguido.*
>
> *Terapeuta: Você conseguiu se controlar, conseguiu superar....*
>
> *Paciente: Sim! Consegui, eu me controlei. Fiquei com muito medo. Fico tão feliz (chora). Essas lágrimas são de felicidade! Estou chorando de felicidade, por ter conseguido.*

Passou a reconhecer suas forças e suas capacidades, dotando a si mesma de qualidades. A seguir notamos o valor afetivo que a paciente tem da relação terapêutica e a possibilidade de sentir gratidão:

> *Amor é isso para mim: é companheirismo, é estar ao lado. É o que acontece aqui, com a gente, é o olhar fraterno que você tem. Vejo você e vejo o seu olhar fraterno: é isso que é amor para mim. E sou muito agradecida por este espaço, por esta oportunidade, por você me ouvir. Mas se fosse só por falar, eu poderia falar sozinha com o espelho. Pensei nisso. Poderia*

> *ficar em casa e falar com o espelho. Mas não é a mesma coisa. O que você faz para mim, vou levar para o resto da vida.*

Segal (1975) nota como a experiência de gratificação com o mundo preenche a necessidade de conforto, amor e nutrição. A presença na mente do bom objeto possibilita ao ego manter fortes sentimentos de amor e de gratificação (Klein, 1952). Klein (1952) nota que aspectos relacionados à figura da mãe, tais como sua voz, suas mãos, os cuidados que ela tem com o bebê, sua atenção às necessidades do bebê, estes aspectos permitem ao bebê sentir gratificação e amor nestas experiências. Estas experiências ajudam o bebê a contrapor suas ansiedades persecutórias, aliviando tais ansiedades e aumentando a confiança no seio bom. Diante da privação destas experiências, o indivíduo sofre não apenas com a falta de gratificação, como também com a ameaça de aniquilamento por perseguidores. Dessa forma, a relação que a mãe estabelece com seu bebê, sentida através do sorriso que a mãe dá ao bebê, os cuidados, o som de sua voz, poderia ser compreendida também como uma forma de celebração da mãe com a presença do bebê – tais experiências gratificantes fortalecem os objetos internos bons. Portanto, da mesma forma que o bebê sente a experiência de gratificação quando a mãe lhe sorri, também o terapeuta pode proporcionar a experiência de gratificação em sua celebração com seu paciente, confirmando, assim, os objetos bons internos projetados.

Assim, a existência do prazer que o analisando sente sendo analisado, a gratificação do analista e do analisando do processo analítico podem relacionar-se com estas experiências de gratificação da mãe com seu bebê. Neste sentido, a experiência da celebração do analista pode ser compreendida como um dos aspectos relacionados à figura materna, tal como o sorriso da mãe, sua voz, como uma experiência de gratificação e de amor que podem ser re-introjetadas pelo indivíduo. A gratificação mútua – de analisando e analista – no trabalho terapêutico pode proporcionar a confirmação e confiança nos objetos bons internos. Pode-se pensar que a celebração do analisando é como o reconhecimento e a sustentação do objeto bom interno do paciente, que adquire força. Somente quando o indivíduo se sente como possuidor de um objeto de amor interno forte dá-se, então, a capacidade de ser amado e amar o outro. Por isto a necessidade de se confirmar as experiências de gratificação e conquistas do paciente, como uma forma de facilitar a incorporação dos aspectos bons da experiência.

Forma de amor posterior: amar é preservar o outro

Com a diminuição da projeção, o objeto de amor, até então idealizado, agora passa a ser percebido de forma mais integrada e mais próxima da realidade. Sara passou a não mais ver o marido de modo "*grandioso, perfeito, certinho*". Junto ao objeto percebido de forma total, seu ego também se integra. Também, o indivíduo depara-se com sua realidade psíquica. Ao confrontar-se com sua realidade psíquica, o indivíduo sente que a maldade do objeto relaciona-se à sua própria agressividade. Este *insight* traz ao indivíduo grande sofrimento e suscita sentimentos ambíguos.

> *Digo que o amo (chora). Agora não sei mais. Não dá pra jogar tudo fora. Reconheço: ele me ajudou muito. Mas, não quero mais ficar assim.*
>
> *Terapeuta: Você não quer mesmo?*
>
> *Não, não, eu quero. Porque eu o amo (chora). Eu falei isto, mas depois vi como ele foi muito importante para mim. E aí percebi que ele ainda é (chora).*

Ficam evidentes os sentimentos ambivalentes frente ao objeto de amor. Surge a necessidade de preservar o objeto amado de seus próprios impulsos destrutivos. Em lugar das brigas explosivas, Sara passou a pensar, analisar a situação e a conversar com o marido. Nota-se a mudança no funcionamento mental: se antes prevalecia um funcionamento por *acting-out*, agora Sara torna-se capaz de suspender suas emoções a favor de uma percepção mais abrangente da realidade, favorecendo a relação com objetos. Com o tempo, passa a acompanhar de perto os efeitos dos seus impulsos sobre o objeto.

> *Agora, eu paro, eu sinto, eu penso, eu analiso a situação. Consigo pensar. Penso: se você quer uma reconciliação, não dá assim, ficar brigando. Conversei com ele, controlada, sem brigar. Consigo falar coisas que antes não conseguia. Antes tinha receio de que ele fosse ficar agressivo. Ele não ficou. Ficou quieto.*

Agora, a situação total é considerada, junto com sua realidade psíquica. Afirmou a necessidade de saber se ela o ama de verdade ou se estava com o marido por conveniência: se fosse por conveniência, poderia encontrar outras alternativas. Nota-se como Sara é capaz de avaliar a situação de forma total e diferenciada:

> *Ele me disse: "você queria que desse tudo errado". Fiquei sem entender por que ele falou isso. Eu disse para mim mesma: sei o que eu fiz para que tudo desse certo. É ele que pensa isso. Deixa para lá. Não quero tirar a minha tranquilidade.*

A diferenciação de si e do objeto, embora suscite sentimento de culpa, contribui também para a diminuição de seus sentimentos de onipotência: agora ela pode considerar que seus impulsos destrutivos são limitados e isto também traz certo alívio na sua relação com objetos. Ela pode diferenciar-se do objeto e não ser mais invadida pela identificação projetiva do outro. Seus objetos internos bons podem ser sustentados nestas situações, de forma que pode tomar um melhor juízo da realidade. Agora livre de suas próprias projeções, o marido pode ser percebido como uma pessoa diferenciada. Sara passou a conhecê-lo em seus outros atributos:

> *Ele é orgulhoso. Antes, eu não percebia isso. Agora, eu percebo. Agora, eu falo uma vez. Ele não aceita, eu fico quieta.*

Quando se reconhece que o objeto é diferenciado de si – e percebido agora mais livre de suas próprias projeções – há um aumento no desejo de conhecê-lo e daí surge o interesse pelas pessoas e coisas. O reconhecimento da autonomia do objeto é de grande importância na relação, uma vez que isto implica no reconhecimento de seus sentimentos de dependência, vulnerabilidade e desamparo frente à ausência do objeto que o nutre e do qual se necessita. A melhora na relação com o objeto amado externo também refere-se a uma melhora nas relações de objeto em seu mundo interno: Sara pode também sentir-se possuidora de um objeto interno que pode ser amado e valorizado: "*Agora estou me cuidando para mim, para eu me sentir bem*". Passou a ser capaz de cuidar de si em situações de ansiedade e resolver situações de frustração. Sara passa a ter a capacidade para cuidar de si: agora, quando se sente angustiada, sai para caminhar. Tem vontade de "*sumir, desaparecer*". "*Mas digo para mim mesma: não adianta. Isso não é a solução, não resolve nada. Tem que resolver. Então, por que ficar fugindo? Tenho que enfrentar.*"

Nota-se o quanto o risco de suicídio diminui à medida que a paciente pode encontrar em si forças e o sentimento de possuir um objeto interno bom forte, que, agora, pode apaziguar as suas ansiedades persecutórias. Com isso, o indivíduo passa a usufruir de maior autonomia e a desenvolver a capacidade de amar: não apenas o outro, mas também seus objetos internos bons, preservando-os de perseguidores internos. Por fim, em diversas vezes a paciente mostrou-se grata à analista. Tal percepção diz respeito ao reconhecimento de que o outro possui qualidades de que necessita.

Sobre amar e ser amado

Klein (1952) nota que a projeção dos aspectos amorosos nos objetos é uma condição para o encontro de objetos bons. O encontro de representantes externos de seus objetos bons internos possibilita a confirmação e o fortalecimento destes objetos. Com a introjeção de objetos bons, estimula-se a projeção de sentimentos amorosos sobre o objeto e isto, por sua vez, aumenta o sentimento de possuir bons objetos internos devido ao processo de re-introjeção (Klein, 1952). Diante deste processo, sentimentos persecutórios diminuem e as relações com o mundo interno e externo melhoram (Klein, 1952).

Nota-se como, inicialmente, a relação objetal é parcial – típica da posição esquizoparanoide. Nele, há a predominância da projeção de partes do *self* e, dessa forma, o outro é sentido como possuidor dos aspectos projetados. Nisto implica um enfraquecimento de seu próprio ego e a relação com o objeto é de dependência e necessidade de controle do objeto. Os sentimentos de onipotência e a identificação projetiva prevalecem. Nessa forma de relação, o sujeito relaciona-se como que com uma parte de si mesmo no outro. Esta configuração se dá como uma defesa contra sentimentos de desamparo frente à dependência do objeto.

Diante da integração do ego, o objeto de amor pode ser percebido de modo integral – agora pode ser percebido como uma pessoa – não mais o representante do *self* projetado no outro (Klein, 1952). O objeto de amor pode ser visto como diferenciado de si, como alguém que tem autonomia, que está fora de seu controle onipotente e que, sobretudo, pode ser perdido. O indivíduo depara-se com sua dependência frente ao objeto de amor, à sua vulnerabilidade e desamparo, bem como à sua ambivalência, devido à compreensão de que seus impulsos destrutivos podem ferir o objeto de amor. Depara-se com a necessidade de conter seus próprios impulsos destrutivos a favor do amor. Assim, tem-se um aumento na tolerância em si e nos outros.

Com a percepção de que o objeto é diferenciado de si, desperta-se o desejo de se conhecer o outro, abrindo o caminho para a possibilidade de desenvolver interesses por coisas e pessoas, bem como o desenvolvimento da capacidade de reparação. Diante do reconhecimento de que o objeto de amor possui atributos do qual se necessita, surge também a possibilidade de desenvolver o sentimento de gratidão.

Além da relação de objetos de amor externo, esta experiência tem um correspondente interno – de fortalecimento do objeto interno bom, que pode ser sentido como forte, com valores, que pode ser capaz de amar e ser amado pelo outro. Somente quando o ego é capaz de perceber o amor por um objeto bom surge o senso de responsabilidade em preservá-lo contra perseguidores, junto ao sentimento de culpa e remorso – para Klein (1935) *"estes seriam os elementos do sentimento que chamamos de amor"* (Klein, 1935, p. 270). Segundo Klein (1959), nesta fase *"o mundo não é mais visto em termos de preto e branco"* e *"as pessoas podem ser amadas apesar de seus defeitos"* (Klein, 1959, p. 255). Abre-se, então, caminho para o desenvolvimento da capacidade de amar e reparar.

Considerações finais

Diante das considerações acima descritas, a celebração do analisando como um registro de ordem afetiva do instinto vital do paciente pode ser pensada como a confirmação dos objetos bons internos pelo analista, fortalecendo o seu estabelecimento. Klein aponta que na vida continuamos a buscar novos representantes dos objetos bons internos, externamente. A experiência gratificante com estes objetos confirma a força do objeto interno bom. Tal como a mãe gratifica seu bebê com seus cuidados, com seu olhar e seu sorriso, o analista também gratifica seu paciente com a celebração daquilo que vê nele. Com isso, a gratificação mútua pode proporcionar ao indivíduo o sentimento de possuir um objeto interno bom forte, contribuindo para sua força de vida e fortalecendo a capacidade de amar e o sentimento de ser amado.

Referências

BOLLAS, Christopher. "A celebração do analisando pelo psicanalista". *In*: *Forças do destino: Psicanálise e idioma humano*. Rio de Janeiro: Imago, 1993, p. 93-109.

KLEIN, Melanie. "Psychogenesis of maniac-depressive states". *In*: *Love, guilty and reparation and other Works 1921-1945*. Londres: Vintage, 1935, p. 262-289.

_____. "Some theorical conclusions regarding the emotional life of the infant". *In*: *Envy and Gratitude and other Works 1946-1963*. Londres: Vintage, 1952, p. 61-93.

_____. "On observing the behaviour of Young infants". *In*: *Envy and Gratitude and other Works 1946-1963*. Londres: Vintage, 1952, p. 94-95.

_____. "On identification". *In*: *Envy and Gratitude and other Works 1646-1963*. Londres: Vintage, 1955, p. 141-175.

_____. "Envy and Gratitude". *In*: *Envy and Gratitude and other Works 1646-196*. Londres: Vintage, 1957, p. 176-235.

_____. "On mental health". *In*: *Envy and Gratitude and other Works 1646-1963*. Londres: Vintage, 1960, p. 268-274.

QUINODOZ, Jean-Michel. "Capacidade de estar só, portance e integração da vida psíquica". *In*: *A solidão domesticada: A angústia de separação em psicanálise*. Porto Alegre: Artes Médicas, 1993, p. 165-183.

SEGAL, Hanna. *Introdução à obra de Melanie Klein*. Rio de Janeiro: Imago, 1975.

8. "Vai passar!": O lugar da esperança na constituição subjetiva e no encontro analítico

Marina Ribeiro;
Fatima Flórido Cesar

Que nome dar à Esperança?

Mas se através de tudo corre a esperança, então a coisa é atingida. No entanto a esperança não é para amanhã. A esperança é este instante. Precisa-se dar outro nome a certo tipo de esperança porque esta palavra significa sobretudo espera. A esperança é já. Deve haver uma palavra que signifique o que quero dizer.

Clarice Lispector

Iniciamos com as palavras de Clarice Lispector, que colocam a esperança no instante e que, tal qual substância preciosa, pode, correndo através de tudo, garantir, atingir, dar sustentação para o que se quer alcançar. Não está no futuro porque não é mero otimismo a olhar para frente, mas esperança profunda, densa, enraizada nos recursos anímicos, distinta da expectativa. Tão valiosa que pertence à ordem do indizível, do inefável, ao mesmo tempo que é sustentação para o que se vai alcançar. Clarice dá um estatuto especial e distinto do esperar (será que espera é aqui equivalente a estado subjetivo?), sugere que a esperança se enraíza no profundo, na seiva que alimenta e é potência. Que nome dar, qual o significado possível para a esperança nessa dimensão tão constituinte do ser? Este é o clamor de Clarice.

É em consonância com esse mesmo lugar tão fundamental dado à esperança no coração da vida e do acontecer humano, que seguiremos em nossa reflexão.

Assim como a inserção da psique no corpo, a relação com a realidade e a integração, estes que seriam processos iniciais do desenvolvimento segundo Winnicott (1945, p. 274), não são naturais, mas sim conquistas alcançadas a partir do encontro com o outro; a esperança não é algo com que se nasce. Ela é tecida no amor dos começos, advém de um encontro singular com o objeto primário. Ela é mais-além, não coincide com estado de ânimo – é algo da ordem essencial para a constituição psíquica e para a capacidade de crer, capaz de conduzir à confiabilidade pessoal, assim como à crença em geral.

Refletir sobre a esperança deve, portanto, conduzir-nos não para sentidos (rasos) de expectativa ou otimismo: não se trata de um sentimento ou de sensação. Esperar, como ressalta Ferraz (2019, p. 110), é ontológico. Não é o esperar das superfícies a que se refere (e repudia) Clarice. Estar de posse da esperança, nessa dimensão constituinte do vir a ser do indivíduo, inaugura este como criador de si e do mundo – como um ser da ação. Tem assim um início e é iniciador de mundos, seguindo ainda o pensamento de Ferraz (2019, p. 106). Lembramo-nos aqui de Winnicott que afirmava que "o mundo é criado de novo por cada ser humano, que começa o seu trabalho no mínimo tão cedo quanto o momento do seu nascimento" (1988/1990, p. 130). Devo ressaltar que o presente texto muito se nutre do pensamento de Winnicott (embora não apenas dele), mas convido o leitor a iniciarmos com suas contribuições apoiadas no texto de Ferraz (2019) "A espera e o gesto: um olhar sobre a importância da esperança e sua psicopatologia a partir da obra de D. W. Winnicott".

Retornemos a refletir sobre a ação: esta, no pensamento winnicottiano, tem relação não com o mero fazer, mas com o gesto, o qual funda o sentimento de que a vida vale a pena assim como a capacidade de estar vivo. Esperança e criatividade são dois pilares constituintes da subjetividade e são indissociáveis, tendo sua origem no encontro com o objeto primário: a mãe que vai ao encontro da necessidade de seu filho de modo a tornar real o que ele está pronto para criar. A partir desse começo, o infante pode vivenciar a experiência de tornar-se real, e seguir sustentado pela esperança: algo que move e movimenta, que, caso se perca ou nem se tenha, resta ao ser "sub-viver" à margem da vida, resta-lhe o adoecimento severo ou mesmo uma experiência de morte.

A esperança como pilar fundante do "esperar" (aqui esperar só ganha espessura vital se ancorado na esperança), enquanto potência de vida, oferta abertura à espontaneidade que emerge do *self* verdadeiro. Se o gesto espontâneo, como diz Winnicott, é o *self* verdadeiro em ação (1988/1960, p. 135), este inaugura, seguindo ainda Ferraz, "a capacidade do indivíduo de esperançar" (2019, p. 113).

Quando acordamos, levantamos não apenas para o dia, mas para a vida, para a difícil tarefa de existir, para o enfrentamento dos desafios que o viver nos impõe e, é fundamentalmente a esperança que é motor, âncora e, simultaneamente, ponto de partida para cada amanhecer. No outro extremo, caso ocorra o desencontro do indivíduo (em seu início) com o ambiente ou no decorrer de sua infância, assistimos a uma dimensão catastrófica, a um fracasso de entrada na vida na medida em que se extravia ou nem se constitui a capacidade de "esperar" a partir do registro ontológico.

Em sintonia com o que vem sendo apresentado até agora, acompanhamos as reflexões de Luís Cláudio Figueiredo (2003) em seu texto "O paciente sem esperança e a recusa da utopia". Também este autor reconhece a esperança como condição imprescindível "ao bom funcionamento mental e que opera em planos profundos e inconscientes do psiquismo" (2003, p. 160). Reconhecemos, portanto, o mesmo *status* de fator estruturante e ontológico assinalados acima: a esperança como essencial na constituição da subjetividade. Destaco aqui a proposição de Figueiredo de inserir um pensamento sobre a esperança na direção de um discurso metapsicológico, porém, não dissociável da fenomenologia da clínica.

De modo semelhante ao já discorrido, Figueiredo não pretende pensar a esperança como estado subjetivo, mas como "um princípio" decorrente de um encontro especial com o objeto primordial. Recorrendo a vários autores em seu texto, destacamos Ernst Bloch (1952-9) e seu livro intitulado *O princípio da esperança* – daqui Figueiredo ressalta a diferença entre a esperança como "estado subjetivo" e a Esperança que Bloch dá um estatuto antropológico universal (1954). A partir daí, Figueiredo considerará a Esperança (esta que deveríamos manter como maiúscula) como um princípio fundamental na estruturação do aparelho psíquico.

A esperança é proteção essencial, sustentação para o confronto com os percalços da vida e enfrentamento das tarefas do existir. O caráter protetivo da esperança é assim ressaltado por Figueiredo (2003, p. 167): "A esperança cria uma defesa contra a queda no nada, nada de objeto, nada de relação e nada de self, funcionando então como a base para a reestruturação do psiquismo".

Retornando à esperança como princípio, esta diz respeito à expectativa de continuidade do ser e do *self*; uma continuidade não mecânica, não mesmificante. Possibilita, ao contrário, "a transformação e o encontro feliz do objeto e do si mesmo exatamente onde e quando eles precisavam se encontrar" (FIGUEIREDO, 2003, p. 171).

A esperança possibilita trânsitos, liberta das paralisias que dominam os adoecimentos psíquicos, desde as anacrônicas formas do viver até o não viver. E, se pensarmos que a saúde constitui o trânsito entre os vários estados do ser, a esperança é motor, tem função estruturante de dimensão primordial para a abertura a novos caminhos e enfrentamentos do existir.

Aqueles que se estruturaram nas terras sólidas da esperança são capazes de "sonhar com uma vida melhor", o que, segundo Ernst Bloch

(1954), constitui condição universal da condição humana. Aqui, como ressalta Figueiredo, embora o futuro esteja aí implicado, "não se trata de uma vivência ou fantasia de um tempo futuro, mas de uma abertura para ele, sobre o qual uma vivência temporal pode de fato se assentar sem, contudo, com ela se confundir" (p. 160). Portanto, reafirmamos a esperança em sua espessura: esperança-abertura, esperança-fertilidade, esperança-fé; enfim, como já foi falado, como condição imprescindível para o bom funcionamento do aparelho mental e para a saúde psíquica. Esperança e sentido para a vida estão intrinsecamente ligados.

As condições para a instalação de uma esperança fundamental dependem da alternância entre ausências e presenças, idas e vindas bem dosadas; o objeto primário não pode exceder em intrusões ou ausências, o que lançará o indivíduo a um funcionamento sob a forma de cisão, esta, por sua vez, evocadora de desesperança e andanças em terras movediças, barcos à deriva, naufrágios, instabilidade e extrema fragilidade frente aos desafios impostos pela vida.

A desesperança congênita

Quarta-feira de Cinzas

Porque não mais espero retornar
Porque não espero
Porque não espero retornar
A este invejando-lhe o dom e àquele o seu projeto
Não mais me empenho no empenho de tais coisas
(Por que abriria a velha águia suas asas?)
Por que lamentaria eu, afinal,
O esvaído poder do reino trivial?

- T.S. Elliot

E quando a esperança não se instala?

Winnicott supõe uma falha grave na comunicação mãe-bebê que "aborta" o que seria a matriz básica da possibilidade de ter fé; em suma, da constituição da esperança. Consonante com o pensamento de Figueiredo, ocorre nesses casos uma violenta ausência do princípio de esperança e daí constatamos uma série de adoecimentos. Destacamos os pacientes descritos por Winnicott em *O medo do colapso* (1963), quando uma brutal desesperança associa-se a um medo da catástrofe lançado no futuro, porém já acontecido precocemente. Mas ainda os pacientes falso *self*, esquizoides, narcisistas, *borderline* e outros: aqui nos referindo a adoecimentos severos frutos da quase total ausência da Esperança. Entretanto, sempre que notícias de desesperança (provenientes de inícios marcados por alguma dimensão de desencontro com os objetos primários) nos chegam, ficamos também vulneráveis a paralisias e expectativas traumáticas.

No texto de 1949, *Recordações do nascimento, trauma do nascimento e ansiedade*, Winnicott apresenta o que ele denomina de desesperança congênita, assim como discorre sobre trauma precoce:

> Pode-se ressaltar que o mais importante é o trauma representado pela necessidade de reagir. A reação neste estágio do desenvolvimento humano significa uma perda temporária de identidade. Isto faz surgir um sentimento extremo de insegurança e forma a base para uma expectativa de ulteriores exemplos de perda de continuidade do self e mesmo uma desesperança congênita (mas não herdada) com relação à conquista de uma vida pessoal (WINNICOTT, 1949, p. 326).

A desesperança congênita resulta de um fracasso de uma experiência extremamente precoce de mutualidade, esta capaz de constituir uma crença na confiabilidade, assim como a crença em Deus, na vida, no outro, na natureza humana. O indivíduo fica sujeito a uma base de uma desesperança congênita (mas não herdada), a qual o desacredita à consecução de uma vida pessoal. Figueiredo (2003, p. 165) afirma que na desesperança congênita algo do indivíduo foi desfalcado quando ainda não lhe era possível possuir e usufruir do bem subtraído, e destaca esse conceito como mais adequado para o entendimento da esperança ou de sua falta como princípio de funcionamento psíquico.

Assim como na desilusão precoce, descrita em texto homônimo de Winnicott (1949), o trauma primitivo está na base da vacilação extrema da Esperança ou mesmo de sua não instalação. Entendemos como trauma "aquilo contra o que o indivíduo não possui defesa organizada; daí advém um estado de confusão, numa reorganização das defesas primitivas" (1949, p. 206).

Vale ressaltar a noção paradoxal de desesperança congênita, mas não herdada, portanto, adquirida: instalou-se num momento muito primitivo da vida, próximo ao nascimento ou mesmo no nascimento, ou seja, proveniente das condições ambientais. Já a desilusão precoce, noção próxima à mencionada acima, também provém de trauma precoce, mas em um momento posterior à desesperança congênita.

São situações que demandam uma regressão terapêutica, para que assim se constitua, como Figueiredo afirma, uma "esperança *genuína*" (2003, p. 166). Entretanto, isso requer que um solo-forração de confiabilidade seja tecido ali onde as terras do porvir foram devastadas pelos traumas precoces. Aqui, adentramos nas questões técnico-éticas que envolvem o ser e o fazer do psicanalista na direção da tessitura da esperança, considerando-a essencial na oferta de impulsões vitais ao indivíduo, especialmente quando este se apresenta refém de experiências de quase-morte.

"Vai passar": o analista como sustentador da esperança do paciente desesperançado

A afirmativa a partir da qual conduziremos uma reflexão de como se dará o trabalho clínico nessas situações é: "o paciente precisa do suporte da esperança do analista", como destaca Ferraz (2019, p. 110). Este autor acrescenta que isso precisa acontecer "enquanto (o paciente) só consegue esperar que em algum momento seu gesto espontâneo que o liga às raízes da criatividade primária, fonte da vida e do sentir-se vivo, possa acontecer sem que o mesmo se sinta no perigo de ser ultrajado" (p. 109).

Podemos pensar que o analista que se apropria de seus recursos psíquicos e é capaz de trabalhar de modo suficientemente bom precisa que (o princípio) Esperança nutra-o e o sustente tanto em seu ofício como em seu viver. Aqui lembramos as palavras de Winnicott: "é preciso que haja no analista uma crença na natureza humana e nos processos de desenvolvimento para que algum trabalho possa ser feito, e isto é rapidamente percebido pelo paciente" (1954-5, p. 478).

De posse dessa Esperança na natureza humana, que aqui Winnicott nomeia "crença", o analista poderá sustentar o "vai passar" – uma expressão (tal qual a *madeleine* de Proust, que convoca a aberturas e disseminações inconscientes) que remete ao ecoar da voz materna, da mãe que pôde assegurar à criança (no âmbito da ilusão constituinte) que nada iria lhe acontecer, que o mal que a invadia iria ceder espaço a uma bem-aventurança.

O "vai passar" dirigido pelo analista ao paciente desesperançado nutre com brotos de esperança – mesmo que não precise ser verbalizado – os caminhos, por vezes árduos, que precisarão ser atravessados. Aqui situamo-nos numa direção clínica paradoxal.

Podemos mesmo enunciar essa expressão-acalanto, mas de posse do reconhecimento do terror que habita o paciente. Figueiredo (p. 167-168) destaca a extrema importância de transmitir a segurança de que todas as manifestações de desesperança congênita encontrarão sustentação no *setting* e na pessoa do analista. E afirma: "não se trata de combater a desesperança congênita com discursos otimistas e 'esperançosos', ilusórios ou evasivos, mas ao contrário, com a corajosa determinação de encarar e falar abertamente do mais difícil e menos esperançoso" (p. 168).

Lembramo-nos ainda da fala de um paciente a Winnicott (1960): "A única vez em que senti esperança foi quando você me disse que não podia ver esperança alguma, e você continuou a análise" (p. 139).

Esse reconhecimento-testemunho do sofrimento do paciente é o manejo adequado e necessário: o pior manejo seria "desmentir" a dor e sua desesperança.

De posse dessa comunicação, que pode ser direta ou silenciosa, comunicação da verdade do que se assiste, podemos inclusive anunciar com todas as letras: "vai passar". Esse é o paradoxo: poder dizer e simultaneamente sermos testemunhas da extrema dor. Não é um mero dizer, discurso otimista, mas a evocação da palavra materna de modo a temporalizar a dor que se apresenta como dor sem fim.

O "vai passar" pode ser o modo de temporalizar o presente eterno de agonia, tanto da criança quanto do paciente adoecido, instalando uma linha sustentadora de início, meio e fim – de passado, presente e futuro. Winnicott também nos ensina isso com o jogo da espátula (1979/1957), assim como a partir desta fundamental experiência, devemos conceber que cada sessão precisa de um tempo capaz de possibilitar que o paciente saia abrigado e apto a sustentar o intervalo (sem o analista) até o próximo encontro.

O tempo, se não é só tempo-passado com seus grilhões paralisantes, se não é só presente sem perspectiva de caminhar, se não é só futuro quando corremos o risco de voos e devaneios sem pouso, constitui abrigo: sustenta-nos na esperança, na capacidade de esperar. E, enquanto analistas, precisamos cuidar/sustentar a esperança que se esvai no desespero do paciente. Um paciente com pânico vivencia sua crise de angústia como um morrer para sempre: é um mal infinito. Como afirma Winnicott: "Inerente a esse sentimento de desamparo é a natureza intolerável de se experimentar algo que não se sabe quando terminará" (1949, p. 327). Entretanto, a crise dura alguns minutos, e ele, como outros com outras modalidades de adoecimento recebem o "vai passar", que pode ser que de nada adiante. De qualquer forma, insistamos, sejamos o outro guardião da esperança – a evocação do materno cuidador. Uma das funções analíticas é de testemunho, de reconhecimento da dor e de oferta da esperança, desde que venha sob a forma de palavra viva e encarnada, guiada pelo princípio esperança do próprio analista.

Um encontro entre o terror e a esperança

A análise exige, no mínimo, que busquemos juntos.

- Pontalis

Por mais estranho que pareça, penso ocasionalmente que às vezes é mais fácil atender aqueles que chegam nos mostrando de modo explícito sua dor aguda, suas chagas abertas, sua vulnerabilidade: uma visível e temida ameaça de desmanchar-se em pedaços; a agonia fazendo sua aparição. Anestesiados ou lançando gritos lancinantes, seus pedidos de ajuda, mais que isso, de salvação, impregnam nosso corpo, as paredes, o quarto-consultório, lugar que abriga as mensagens que anseiam por serem decifradas. Dão-nos um tipo de trabalho (porque não esquivemo-nos desta verdade), mas nos envolvem em furacão de dores e silêncios ardentes que obrigam que nossa loucura pessoal seja ativada, colocando-nos em posição de quem é convocado ao cuidado de sobreviventes de catástrofes. Mas, em outros casos, a calmaria oculta o perigo do mar. Inesperadamente somos arrastados por correntes, pegos em desespero por tormentas e ondas gigantescas, ali onde tudo parecia mansidão.

É assim quando atendo Andréa, setenta anos, extremamente intelectualizada, organizada em torno da invulnerabilidade (engessada animicamente) de tal modo que mal posso avistar alguma dor mais severa, apenas o dia a dia: "o fazer análise para se conhecer e ter *insights*". É algo que não me faz sentido, mas que a abriga de ameaças de deslizar da casca para o núcleo, este que precisa manter-se indecifrável. Fala com todas as letras que gosta de sua independência, não gosta de depender e eu desconfio que oculta-se sob a superfície das palavras uma fragilidade, solo instável, algo muito amolecido que se agarrarmos desastradamente pode esfacelar-se. Não anseio por sua dependência, mas toureio há cinco anos para que não se assuste, porque um susto subjaz à tamanha rigidez – um íntimo frágil e delicado. Falo de sua delicadeza que é o atalho possível para comunicar que vislumbro sua fragilidade. Venho assim nesse tempo juntas tal qual Sheherazade contando histórias para que não seja assassinada a possibilidade de encontro. Muitas vezes faltam-me fábulas, então escorrem águas turvas, paradas e sem vida – parece então, num extremo de desvitalização vivido pela dupla – que nada acontece. Nessas horas, ambas habitamos o nada. E a sensação de que não estou fazendo nada me invade.

Andréa gosta de assistir documentários sobre animais e me conta de uma veterinária especialista em tartarugas. Chega uma para ser cuidada, tem o casco rachado, profundamente ferida. Conta-me com assombro que com o casco aberto avista-se o pulmão da tartaruga. Compartilho de seu assombro, sem deixar de expressar num esgar de aflição e dizer em espanto: "que horror!". Pois é mesmo aterrorizante!

Depois da sessão, lembro-me de uma paciente de Winnicott (1963, p. 225) que, independente, se tornou em sonho, extremamente dependente. Sonha que tinha uma tartaruga com o casco mole, de modo que estava desprotegida e podia sofrer. Mata então a tartaruga para salvá-la do sofrimento intolerável que poderia ter. Desde sempre esse caso de Winnicott me impressionara: como conceber a existência de uma tartaruga sem casco? Que impensável! Que algo próximo da agonia primitiva! E que horror o pulmão revelado! Essa transparência aterrorizadora: essa ameaça de chegar ao núcleo inviolável do ser!

Minha paciente me comunica sua necessidade de chegar à sua vulnerabilidade, mas que a deixa numa relação de dependência tão temida. No programa de TV, a veterinária consegue colocar num buraco do casco, que não conseguira emendar por completo, um pedaço desenhado numa impressora 3D. Minha paciente comunica assim também sua esperança de cura. Mas fico com isso, com todas essas associações e sonhos (dela, entretanto, por mim sonhados), me sinto aprisionada numa relação em que o mais vulnerável se protege de mil roupagens, cascas e cascos para não ser alcançado. Tocar nela é como esbarrar no pulmão: o respirar que mantém o ser vivo.

Aguardo assim novos encontros, guardo em mim o que me viera como lembrança e compreensão: ficam como restos diurnos e espero que num sonho a dois algo mais próximo do essencial delicado seja alcançado.

Andréa interrompe a análise. Brinco que vou buscá-la, caso não volte, luto por ela, talvez movida por comunicação tão sensível ao se aproximar do tempo de despedida. Saio de férias, antes ela já fora e quase me esqueço de minha "brincadeira" de reivindicá-la ao reencontro. Sou então surpreendida por seu chamado: quer conversar, assim, ela retorna. O casco ferido, a prótese 3D sustentou nosso vínculo e brotos de esperança a trouxeram de volta.

Sem Esperança ela não voltaria, sem Esperança o pulmão exposto a levaria à morte.

Eu sempre sonho que uma coisa gera,
nunca nada está morto.
O que não parece vivo, aduba.
O que parece estático, espera.

Adélia Prado

Referências

BLOCH, E. *The Principle Hope*. Trad. N. Plaice, St. Plaice e P. Knight. Boston: MIT Press, 1995, p. 1952-9.

ELLIOT, T. S. *Poemas selecionados*. Trad. Ivan Junqueira. Rio de Janeiro: Nova Fronteira, 1981.

FERRAZ, R. J. F. "A espera e o gesto: Um olhar sobre a importância da esperança e sua psicopatologia a partir da obra de D. W. Winnicott". *In*: THÉ, Denille; CAVALCANTE, Janaína; RIBEIRO, Jânia; ADJAFRI, Verônica (Org.). *O gesto espontâneo em 90 trabalhos*. Fortaleza: Expressão Gráfica e Editora, 2019, p. 103-116.

FIGUEIREDO, L. C. "O paciente sem esperança e a recusa da utopia". *In*: *Psicanálise: Elementos para a clínica contemporânea*. São Paulo: Escuta, 2003, p. 159-189.

LISPECTOR, C. *A descoberta do mundo*. Rio de Janeiro: Rocco, 1999.

PONTALIS, J-B. *Entre o sonho e a dor*. Lisboa: Fenda, 1999.

PRADO, A. *Poesia reunida*. Rio de Janeiro: Record, 2016.

WINNICOTT, D. W. "Sobre a contribuição da observação direta da criança para a psicanálise". *In*: *O ambiente e os processos de maturação*. Porto Alegre: Artes Médicas, 1982 (1957), p. 101-105.

______. "Distorção do ego em termos de falso e verdadeiro self". *In*: *O ambiente e os processos de maturação*. Porto Alegre: Artes Médicas, 1982 (1960), p. 128-139.

______. "Dependência no cuidado do lactente, no cuidado da criança e na situação psicanalítica". *In*: *O ambiente e os processos de maturação*. Porto Alegre: Artes Médicas, 1982 (1963), p. 225-233.

______. *Natureza Humana*. Rio de Janeiro: Imago, 1990.

______. "O medo do colapso". *In*: *Explorações psicanalíticas*. Porto Alegre: Artes Médicas, 1994 (1963), p. 70-76.

______. "Desilusão Precoce". *In*: *Explorações psicanalíticas*. Porto Alegre: Artes Médicas, 1994 (1939), p. 17-19.

______. "Recordações do nascimento, trauma do nascimento e ansiedade". *In*: *Textos Selecionados: Da Pediatria à Psicanálise*. Rio de Janeiro: Francisco Alves, 1993 (1949), p. 313-339.

______. "Aspectos clínicos e metapsicológicos da regressão dentro do *setting* analítico". *In*: *Textos Selecionados: Da Pediatria à Psicanálise*. Rio de Janeiro: Francisco Alves, 1993 (1954), p. 459-481.

9. A esperança e a psicanálise

Andrea Ramalho Miranda;
Marina Ramalho Miranda

"A esperança é o sonho do homem acordado"
(Aristóteles)

Quando o dia seguinte é um escuro assustador, sugerindo um futuro tenebroso, povoado de habitantes invisíveis gerados numa total sensação de imprevisibilidade, o mundo se apresenta carregado de angústia e colorindo de negro o futuro.

Sentir a esperança de um amanhã acontecendo é uma fresta de luz que se abre e mostra o caminho da vida a seguir.

Vencido, exausto, quase morto,
cortei um galho do teu horto
e dele fiz o meu bordão.

Foi minha vista e foi meu tacto:
constantemente foi o pacto
que fez comigo a escuridão.

Pois nem fantasmas, nem torrentes,
nem salteadores, nem serpentes
prevaleceram no meu chão.

Somente os homens, que me viam
passar sozinho, riam, riam,
riam, não sei por que razão.

Mas, certa vez, parei um pouco,
e ouvi gritar: "Aí vem o louco
que leva uma árvore na mão!"

E, erguendo o olhar, vi folhas, flores,
pássaros, frutos, luzes, cores...
-Tinha florido o meu bordão[1]

Este belo poema recitado em uma sessão de análise por uma mulher de 60 anos, que chamaremos de Ligia,[2] despertou-nos o desejo de investigar o tema da esperança, alvo deste livro.

A história de Ligia, profissional renomada, é pautada principalmente por um incessante sentimento de vulnerabilidade diante das incertezas apresentadas pelo viver.

Sentimentos de fragilidade a levam a uma angústia existencial diante da certeza apenas da sua finitude.

Sua história é atravessada por intenso sofrimento, momentos de muitas angústias, verdadeiras crises identitárias, que desorganizaram sua vida psíquica e lhe custaram um afastamento das pessoas amadas e uma consequente solidão.

Dona de uma mente que constantemente lhe atormentou com pensamentos persecutórios e catastróficos, sempre se autodepreciando, tornou-se insegura e frágil diante do mundo, cada vez mais assustador para ela.

Vista por seus pares e familiares como uma "louca", perdida de si, esta mulher foi alvo de chacotas e humilhações, que a tornavam ainda mais alienada de si.

---

1 *Segunda Canção do Peregrino*, Guilherme de Almeida.

2 Nome e história misturados com a ficção com o objetivo de proteger o sigilo da sala de análise.

Assídua às sessões, Ligia e sua analista trabalham com intensidade os traços depressivos que ela, a paciente, associa com as experiências passadas de rejeição, com histórias de exclusão contadas com muita dor e finalmente com fatos que a levaram ao desânimo de viver e extrema autodepreciação.

Se um sonho acordado pode representar um feixe de luz iluminando o escuro dos afetos inconscientes, então podemos reencontrar a esperança na busca ansiosa de um pedaço de papel que Ligia faz em noites de insônia.

"Entre meus pedaços de sono, encontro meu sonho, que é a minha escrita e nesse momento, a minha mão é o alpendre do meu coração. Daí, escrevo e... durmo."

Infinitamente grata ao trabalho analítico, resultado de um vínculo com uma jovem analista que a viu e escutou com admiração e respeito, pôde agora Ligia, recitar Guilherme de Almeida, presenteando a analista com esse "banho de palavras"[3] que expressam o fruto do vínculo de esperança nascido desde os inícios, que possibilitou a criação do espaço-horto fértil de ideias, de descobertas, de nascimentos.

O horto, que teve como sementes a confiança e a fé, constituiu-se num território de espaço largo da analista, que disponibilizou de seu terreno o galho a ser cortado pela paciente fazendo surgir o bordão-apoio para um caminhar exausto e quase morto.

Ao cortar o galho do horto da analista, Ligia se afasta da dominação dos elementos destrutivos e sente que a jornada acompanhada pode ser possível.

A esperança foi o motor que fertilizou a dupla e acompanhou a caminhada em direção à escuridão das fantasias mais alucinadas e ao enfrentamento dos inimigos invisíveis.

A esperança é revelada no passo a mais a ser dado no caminho que leva ao encontro de si.

O bordão-cajado-analista conferiu coragem para Ligia reencontrar seus traumas enquistados em sua mente sem memória reativando lembranças antigas e sofrimentos ocultos.

3 Anzieu, D. (1988). *O Eu–Pele*. São Paulo: Casa do Psicólogo, 1989, p. 36.

Esse mesmo bordão a protegeu das ameaças das "torrentes", "salteadores" e "serpentes" que poderiam lhe roubar seus frutos de inspiração.

Encontrou na escuridão do caminho a loucura, onde vozes a acusam, mas agora, munida de novos instrumentos, percebe que cresceu e que prospera... "e erguendo o olhar vi folhas, flores, pássaros, frutos, luzes, cores..." e o galho abençoado pela dupla analítica transformou-se em uma árvore cheia de frutos e flores, que já estava com ela, mas não havia olhos que pudessem enxergá-la, nem ouvidos capazes de escutar as palavras ricas de conteúdo escondido.

O movimento de "erguer o olhar" traz sentido de autonomia e possibilidade, como se Ligia estivesse contando à analista sobre sua força de vida, no reconhecimento e admiração dos seus próprios frutos.

Seus frutos estavam o tempo todo em suas mãos. Para os outros parecia um absurdo "a louca que leva uma árvore na mão", mas para ela, sua arte na escrita e toda sua criação eram a sua salvação, da qual só conseguiu se apropriar ao encontrar o bordão de esperança.

Ligia encontrou seu próprio horto!

A esperança e os bons sentimentos

Esperança, fé, generosidade, benignidade, confiança, amor, alteridade são conceitos que encontramos primordialmente no pensamento religioso. Vistos como virtudes são transmitidos pelos pais (possíveis) a seus filhos desde o início da vida.

Ligia, em escritos mostrados em sessão à analista, vai de encontro às transmissões religiosas, tentando entender seus dogmas e mistérios. Parece que tinha uma intuição de que estava seguindo uma pista que a conduziria a insights que iluminariam o caminhar frutífero que vivenciou no processo analítico.

Assim, seus escritos investigativos sobre os mistérios da fé, poderiam ser vistos como uma forma inconsciente de preparação de sua mente para adentrar no subterrâneo mundo assombrado.

Ou seja, nos baldrames[4] de nossa mente, mora a capacidade de esperança, que alicerça nossa edificação psíquica e sustenta as paredes do Ego para que não sofra rachaduras ao receber os abalos da vida.

Em nosso modo de conceber o conceito de esperança, só se apodera dela quem tem fé na própria capacidade de resiliência[5] às más experiências emocionais vindas de dentro e de fora e uma boa dose de auto-estima positiva e confiança em si e na sua condição de vencer as possíveis ameaças no caminho.

O que Ligia vislumbrou esperançosamente no escuro de si mesmo provavelmente resultou de uma sobrevivência de elementos narcísicos que se mantiveram em meio aos delírios constantes que a assolavam e faziam que todo seu edifício psíquico se desmoronasse.

Dona de uma forte perturbação mental, ela se agarrou em sua possibilidade de expressão escrita drenando ali grande parte de seu sofrimento, o que abriu espaço em seu mundo interno para receber o alimento analítico vindo, por sua vez, da capacidade de esperança da analista, assim fortalecendo suas defesas e a noção de *self*.

Freud e Klein já falavam...

A teoria psicanalítica, base teórica deste ensaio, tem agora seu lugar.

Freud em seu texto *O Ego e o Id* (1923, p. 81), discute sobre qual seria o grande reservatório da libido.

Diz ele:

"O Ego é um grande reservatório, do qual flui a libido que se destina aos objetos e para o qual ela flui de volta desses objetos..."

No lugar onde reside a esperança existe um Eu cheio de energia de vida, que se originou de forças instintivas de conservação da vida.

---

4 Baldrame é um conjunto de vigas horizontais usadas na engenharia civil que correm pelo alicerce de uma construção evitando rachaduras nas paredes.

5 Para a Física, o conceito de resiliência diz respeito à capacidade que um material tem de suportar grandes impactos, absorvendo a energia aplicada e voltando à sua forma original.

Ao invés do Ego se fechar em uma plenitude narcísica, ele vai buscar no seu reservatório de libido, movimentos de busca de satisfação da área desejante, que, por sua vez, faz a pessoa caminhar rumo a novos horizontes que se descortinam a partir da criatividade e dos investimentos pulsionais de vida.

Portanto a esperança move o sujeito e promove prazer de existir porque algo novo pode se apresentar.

Neste ponto das nossas reflexões sobre os fundamentos teóricos do movimento esperançoso e desesperançoso do Ego, iremos nos deter brevemente sobre a teoria dos instintos postulada por Freud.

Fonseca e Rosenthal (2013, p. 1-2) esclarecem:

> Em 1920, em *Além do principio do prazer*, Freud propõe a existência de um instinto de morte cuja meta seria o retorno a um estado anterior, isto é, ao estado inorgânico do qual a vida emerge, caracterizando assim o *Principio do Nirvana*.
>
> A princípio, o instinto de morte operaria no mundo interno, na forma de autodestruição e, subsequentemente, ele se voltaria para o exterior como instinto agressivo ou destrutivo.
>
> A libido cumpriria a tarefa de tornar inócuo o instinto destrutivo e também desviá-lo, em grande medida, para os objetos do mundo externo, com a ajuda de um sistema orgânico especial, o aparato muscular.
>
> O instinto de morte opõe-se ao instinto de vida (ou Eros) e ambos compõem o novo dualismo, sendo considerados instintos primários, que passam a conter todos os instintos previamente enumerados por Freud (*instintos de vida; instinto sexual; instintos de autopreservação; instintos do ego*) [...]
>
> O objetivo de Eros é estabelecer maiores unidades e preservá-las, mantê-las unidas. O objetivo do instinto destrutivo – Tanatos – é, ao contrário, desfazer conexões e assim, destruir. [...]
>
> Assim, observamos que ao longo de sua obra, Freud usa alternadamente o termo 'instinto destrutivo' e 'instinto de morte' para se referir ao mesmo grupo de instintos básicos em contraste com o instinto de vida. Ele afirma que quando o instinto age internamente, como instinto de morte, ele se mantém silencioso, podendo apenas

> ser percebido quando é desviado para o exterior como um instinto de destruição, que parece ser essencial para a preservação do indivíduo. Quando o superego está estabelecido, parte considerável do instinto agressivo é fixado no interior do ego e opera auto-destrutivamente.

Aqui percebemos como a esperança pertence a Eros, pulsões de vida e a desesperança a Tânatos, pulsões de morte, pulsões selvagens, já utilizando o termo *pulsões*, pertencente ao modo de expressar kleiniano.

Continuam as autoras acima referindo-se a Klein:

> O instinto de morte é acionado pela experiência do nascimento, sendo vivenciado como angústia de aniquilamento, que é defletida para o mundo externo por meio de uma manobra defensiva. Se tais angústias não forem atenuadas pela experiência com a mãe, serão reintrojetadas de uma forma persecutória ou retaliadora, levando à formação do superego primitivo cruel. Ao contrário do conceito freudiano de instinto de morte silencioso, Klein acreditava que havia manifestações clínicas profundas muito visíveis e nada silenciosas do instinto de morte, que se manifestavam como um superego cruel, operando a destrutividade sobre o indivíduo, como o próprio Freud havia discutido (Klein,1933).
> A evolução teórica deste enfoque levou Klein a considerar a inveja (Klein, 1957) como um elemento especial do instinto de morte, que ataca o bom objeto que é fonte da vida. A interação entre as experiências boas e más pode ser complicada pelas boas experiências que produzem efeitos ruins, o que impede o uso e a internalização do bom objeto (FONSECA; ROSENTHAL, 2013, p. 4, grifos originais).

Sob o domínio de Eros, os investimentos libidinais se tornam coloridos de afetos e de vitalidade, os horizontes do futuro podem ser avistados. O lugar da falta acende os sentimentos de esperança para que o sujeito possa caminhar em direção ao encontro daquilo que não espera.

Já Tânatos provoca a formação de um superego tirânico e sádico, esvaziando o mundo amoroso e o transformando em odioso e autodestrutivo, sem a menor chance de vislumbre de saídas para o desespero.

Quem não espera, não chega a um encontro, dificilmente tem a experiência amorosa do acolhimento de outras pessoas.

Ligia passou grande parte de sua vida sob a ameaça de destruição e morte e foi encontrar no *setting* (horto) do processo analítico e na pessoa da analista a sustentação necessária para seguir seu caminho.

A esperança fabricada por seu bordão abriu a perspectiva de um futuro aquecido, que assim reconstruiu seu ego dilacerado pela crueldade das angústias destrutivas.

Palavras finais

"Entre meus pedaços de sono, encontro meu sonho, que é a minha escrita e nesse momento, a minha mão é o alpendre do meu coração. Daí, escrevo e... durmo."

Repito aqui essa fala poética de Ligia, que expressa o poder da palavra-símbolo da possibilidade de comunicação consigo e agora com o outro.

Ligia escreve falando para si mesmo...

Parece que faz uma revelação de descobertas profundas através da escrita que desnuda o que Ligia tem de escondido, como sua alta capacidade de expressão e sua habilidade em promover um rico auto-diálogo, onde o interlocutor pensa junto com o ouvinte, surgindo um lugar no qual o autor se reinventa a todo instante.

Nessa união sagrada nasce o Ser de Ligia com "vontade de dividir, de comungar a felicidade e a paz com todos..." conforme diz à analista e a forma de fazê-lo, que ela encontra, é escrevendo!

Graças à figurabilidade da palavra-nome a linguagem pode ser fecundada no seu interior.

Boileau, pensador francês contemporâneo, nos ensina que "a fala associativa investe o traço da palavra ouvida", pois contém o afeto e se encontra provida das virtudes da metáfora.

"Estamos sempre sozinhos ao pronunciar uma palavra, mas podemos ser dois a ouvi-la" (Danon-Boileau, 2007, p. 34).

Freud (1915/1974a) nos ensina que a palavra é uma apresentação complexa constituída de intrincados processos associativos que incluem elementos de origem visual, táctil, sonoro e cenestésico e só adquire seu significado quando se liga a representações de objetos.

A palavra interpretativa instaura a conexão e repara o hífen que liga a psique ao soma, e, ao mesmo tempo retira a separação do corpo-oral. Fertiliza e abre frentes para novas descobertas e concilia a pulsão e o imaginário dando substância à criação da linguagem.

"No lugar da memória do acontecimento disruptivo, há um buraco. Entretanto, nas bordas do buraco, podem, contudo, ficar as 'representações limites' que são o traço do processo motor que permitiu a descarga da excitação causada pelo trauma" (Danon-Boileau, 2007, p. 49).

Representações-limites que aqui poderiam coincidir com as imagens acústicas das palavras, a gradual aquisição de sentido a partir das lembranças das palavras ouvidas, as sensações convocadas por elas, estimuladas também pelos ensaios escritos que vão se transformando em falas associativas e finalmente nos afetos...

Ainda reflexões...

A escrita deste capítulo coincidiu com um momento, talvez um dos mais difíceis e tristes da nossa história, no qual o mundo sofre de uma pandemia e de um consequente pandemônio.

Buscar a esperança em verso, em prosa, em escrita foi para nós autoras o nosso encontro com o bordão-cajado florido que acompanha o peregrino em sua jornada arriscada e ameaçada por perigos incontáveis, como nos brindou a poesia de Guilherme de Almeida presenteada por Ligia, bordão este que nos garantiu a possibilidade desta elaboração.

Hoje, dia 9 de maio de 2020, às 9h16, estão registrados 4.035.371 casos de pessoas infectadas pela COVID- 19 e 276.776 mortes no mundo até o momento. As cifras do site consultado[6] não param de crescer.

6 Site Worldometer – real time world statistics.

Em nosso país, são contabilizados neste momento 147.000 infectados e 10.017 mortes.

Não poderíamos jamais terminar esse ensaio, sem nos referirmos ao ambiente no qual esse texto se inscreve. E teria de ser nesse momento final, munidas dos recursos de esperança que essa escrita nos trouxe.

Lembramos de Melanie Klein atendendo seus pacientes enquanto bombas caíam nas ruas próximas ao seu consultório.

Tempos de guerra. Só que nosso desconhecido inimigo se move invisivelmente e instaura um não saber letal.

Não o conhecemos, mas estamos perseguindo seus rastros!

A esperança, a nosso ver, assume o *status* do principal instrumento de proteção da vida mental funcionando como impulso para a vida, comparável ao que alicerça o esforço gigantesco dos cientistas para descobrir as medicações que tenham a força para eliminar o devastador Coronavírus.

Sem poder esperar por nada definido, a esperança lida com o imprevisível e processa o inesperado dentro do caos.

Integrando os mundos de fora e de dentro, tentando cavar fundo para encontrar a luz ao final do buraco escuro dos medos e das fantasias mais terroríficas, vamos caminhando juntos, assim como se juntaram as autoras para esse trabalho, lançando mão do cajado protetor, do escudo florido dos bons afetos, que possam nos auxiliar na difícil tarefa de manter a vitalidade em tempos de perdas e desamparo.

Sonhe com o que você quiser. Vá para onde você queira ir.
Seja o que você quer ser, porque você possui apenas uma vida
e nela só temos uma chance de fazer aquilo que queremos.
Tenha felicidade bastante para fazê-la doce. Dificuldades para
fazê-la forte. Tristeza para fazê-la humana. E
esperança suficiente para fazê-la feliz.

Clarice Lispector

Referências bibliográficas

ANZIEU, D. (1988). *O Eu – Pele.* São Paulo: Casa do Psicólogo, 1989.

DANON-BOILEAU, L. (2007). *La force du langage.* Trabalho apresentado no 67º Congrès des Psychanalystes de Langue Française, 2007.

FONSECA, V.R.J.R.M., ROSENTHAL, T. S. (2013) *Instinto de Morte – sua importância na clínica atual.* Estímulo (apresentado para o Fórum sobre instinto de morte, realizado pela Diretoria Científica da Sociedade Brasileira de Psicanálise de São Paulo em agosto/setembro de 2013.

FREUD, S. (1915). "O inconsciente: Apêndice C". *Edição standard brasileira das obras psicológicas completas de Sigmund Freud.* Rio de Janeiro: Imago, 1974a, vol. 14, p. 239-245.

______. (1920). "Além do princípio do prazer". *Edição standard brasileira das obras psicológicas completas de Sigmund Freud.* Rio de Janeiro: Imago, 1976, vol. 18, p. 144.

______ (1923). "O grande reservatório da libido: Apêndice B: O Ego e o Id". *Edição standard brasileira das obras psicológicas completas de Sigmund Freud.* Rio de Janeiro: Imago, 1976, vol. 19.

KLEIN, M. *Amor, culpa e reparação e outros trabalhos: 1921-1945.* Rio de Janeiro: Imago, 1996 (Obras completas de Melanie Klein, 1).

10. Transferência e dupla sobrevivência: Apostas clínicas na emergência da esperança

Nadja Nara Barbosa Pinheiro

Introdução

Em uma tarde quente de primavera, Freud passeia com um jovem amigo pelos campos floridos da montanha. Diante da beleza estonteante das flores, cada um dos dois personagens reagirá de forma singular. O jovem poeta expressará seu descontentamento diante da brevidade do florescimento. Por seu turno, Freud, desfrutando daquilo que vê, afirma que a fugacidade da beleza não é motivo para nos entristecermos, mas, ao contrário, para nos alegrarmos. Pois, se as flores perecem, temos certeza de que o próximo inverno será sucedido por novo e intenso florescimento primaveril.

Tal passagem da vida cotidiana de Freud forneceu subsídios para que o autor escrevesse um belo e conhecido ensaio sobre como os homens se posicionam diante da perda de um objeto de investimento amoroso (FREUD, 1915/1986a). O jovem poeta, nos informa Freud, em desalento, diante da inevitável finitude de tudo o que existe, se deixa quedar em um processo melancólico. Ao passo que ele, Freud, de uma forma mais sossegada, percebe que cada perda pode ser elaborada por meio de um luto que se sustenta na esperança de que o objeto perdido, um dia, seja reencontrado. Em meu entendimento, Freud situa a esperança nesse intervalo que se estende entre a perda de um objeto amoroso e a ilusória certeza de seu reencontro, em um momento no futuro. E vejam, ainda que as flores não sejam exatamente as mesmas, posto que a cada primavera o novo emerge, há algo de perene que conecta todas as flores, isto é, as que já existiram, as que existem agora e as que existirão no futuro. Assim, se o objeto amoroso fenece, algo nele sobrevive, ainda que modificado, em outros objetos que possuem algum traço de identificação ao objeto perdido.

Muitos anos depois, outro psicanalista, D. W. Winnicott (1969/2007), tomará essa percepção freudiana como fundamento para precisar, em sua teoria sobre o desenvolvimento emocional primitivo, os processos subjetivos por meio dos quais a esperança brota em nossos corações. Winnicott, tal como seu antecessor, relacionará a capacidade de sentirmos esperança aos movimentos de perda e reencontro dos objetos amorosos. Porém, situará essa equação em um momento bastante arcaico da construção subjetiva. Em sua proposição, nos primórdios da vida, o bebê, ao se alimentar no seio de sua mãe, exausto pelo esforço físico, adormece por várias horas seguidas. Segundo o autor, o fato de o recém-nascido não possuir, ainda, recursos cognitivos que o permitam inscrever mentalmente sua mãe, indica que, ao longo do período de sono, a mãe, como representação mental, evanesceu até o momento em que, premido pela fome, o bebê novamente a busque e a reencontre, por meio de seu seio. Nesse circuito (fome – busca pelo objeto/seio – encontro – perda – nova busca – reencontro do objeto/seio-sobrevivente) Winnicott (1969/2007) situará a capacidade de sentirmos esperança. Isto é, se o encontro primitivo com o objeto amoroso é inexoravelmente marcado por sua perda/destruição, a sobrevivência do objeto define a possibilidade de seu reencontro. E desse circuito emerge, em cada um de nós, a capacidade à esperança, calcada na ilusória confiança de que os objetos sobreviverão e se colocarão disponíveis ao seu reencontro.

O interessante é que todo esse movimento se estabelece também no transcurso dos atendimentos clínicos. Por meio da relação transferencial que se constitui entre paciente e analista, o circuito perda/reencontro é vivenciado de diferentes formas. Alguns pacientes apresentam uma capacidade maior de sentirem esperança no mundo e nas pessoas que os cercam e outros apresentam um sentimento de desesperança extremamente acentuado, o qual, em alguns momentos, torna a vida extremamente penosa de ser vivida. E, o mais interessante ainda, é que, se por meio da transferência, esse circuito perda/reencontro se reestabelece, ele oferece, ao analista, ao estar lá para ser constantemente perdido/destruído e sobrevivido/reencontrado, oportunidades de fazer fundar, no paciente, a capacidade de sentir esperança. Às vezes, pela primeira vez na vida.

Dessa forma, na presente ocasião, discorrerei sobre o tema da esperança relacionando-o aos processos de perda e reencontro dos objetos amorosos no interior do campo transferencial que é construído no trabalho clínico. Para tal, iniciarei pelas proposições freudianas a respeito dos processos de luto e de melancolia como modelos paradigmáticos de resposta subjetiva do ego diante da perda de um objeto amoroso, para situar, nesses processos, que a dinâmica ambivalente amor/ódio será determinante para as possibilidades de sobrevivência do ego e sua capacidade em proceder novos investimentos objetais. Em seguida passarei às considerações perpetradas por Winnicott sobre a instauração do circuito primitivo de estabelecimento das relações ego/objeto no qual a sobrevivência do objeto ao impacto dos potenciais agressivo e erótico são determinantes para o alcance da ambivalência amor/ódio. Veremos que nesse circuito primitivo o autor faz residir o florescimento da capacidade à esperança. Por fim, apresentarei a ideia de que no trabalho clínico psicanalítico a regressão em transferência a esses primórdios da subjetividade oferece ao analista a oportunidade de instaurar, em certos pacientes, o sentimento de esperança, em si mesmo e no mundo que o cerca.

Transferência e ambivalência: local de emergência da esperança

A história da psicanálise é marcada pelo encontro com a transferência desde os seus primórdios. É bastante conhecido o fato de que o tratamento que Breuer vinha desenvolvendo com a paciente inaugural da psicanálise, Anna O', encerrou-se com um desfecho amoroso transferencial intenso. Breuer, pressentindo que Anna O' estava se afeiçoando demais a ele, decide interromper o atendimento. No entanto, ao proceder dessa forma, pouco tempo depois é chamado, às pressas, de volta à casa de sua paciente, pois esta estava sofrendo um novo e grave ataque histérico. Ao chegar à casa de Anna O', Breuer, assustado, percebe que o que estava sendo mimetizado era um trabalho de parto. E, em um impulso, Anna O' abraça Breuer e lhe diz que o filho de ambos está chegando. Impossibilitado, naquele momento, de lidar com esse enlace transferencial amoroso, Breuer interrompe, não apenas esse atendimento, mas se afasta, inclusive, da possiblidade de fundar, com Freud, a psicanálise, poucos anos depois (GAY, 1989).

O interessante é que já podemos perceber, nesse breve acontecimento, muitos elementos que estarão presentes na teoria freudiana sobre a relação transferencial que desejo destacar: a relação amorosa, marcadamente erótica, sua intensidade disruptiva e a necessidade de que o analista possa sobreviver ao seu impacto para que o tratamento terapêutico prossiga. Nesse sentido, Freud (1915/1986b), alguns anos depois, ao teorizar sobre o amor de transferência, ilustrará que esse amor, na clínica, é uma transposição inconsciente do amor infantil vivenciado ao longo do complexo edípico para o analista. Complexo este no qual cada criança deverá abandonar seus genitores, como objetos eróticos, e substituí-los por outros mais adequados aos anseios da sociedade. O complexo edípico, portanto, é marcado pela perda e pelo reencontro (substituição) dos objetos amorosos/eróticos infantis.

A partir dessa proposição, Freud, então, se dedica a melhor entender como esse processo de perda e reencontro é vivenciado pelo ego desenvolvendo esse tema em um de seus textos seminais: "Luto e Melancolia" (FREUD, 1917/1986). Nele, Freud nos indica que a perda de um objeto amoroso coloca o ego diante da difícil tarefa de retirar a libido investida no objeto outrora amado e agora perdido, re-introjetá-la ao ego para que, novamente livre, a libido seja investida em novos objetos. Uma pergunta que Freud se faz diz respeito à observação de que, nesse processo, o amor, sem exceção, se transforma em ódio. Dessa observação, Freud conclui que a ambivalência amor/ódio é constitutiva de todo investimento, pois, nesse circuito pulsional, a reversão ao seu oposto (oposto que lhe é completar) é um dos destinos inexoráveis. Dessa forma, Freud conclui que todo objeto amado é, simultaneamente, odiado. Diante da perda imposta ao ego, portanto, o ódio se apresenta como um instrumento necessário ao desligamento libidinal. O perigo, nos alerta Freud (1917/1986, p. 281), é que nesse processo, a identificação ao objeto, inerente ao investimento amoroso, pode indicar que "a sombra do objeto recaia sobre o ego" e o conflito de ambivalência amor-ódio que poderia ser travado entre ego e objeto externo, passe a ser travado no interior do próprio ego, destruindo-os. Nesse sentido, endereçar o ódio ao objeto preserva o ego de sua própria ação destrutiva, sendo, portanto, imprescindível ao processo de luto diante de uma perda dolorosa e à capacidade do ego em reagir de forma a retirar a libido outrora investida no objeto externo e, ao introjetá-la em si mesmo, ter a capacidade de tornar a libido novamente livre para ser re-investida em novos objetos amorosos. Em minha opinião, encontramos nesse processo de luto, o qual possui como desfecho a liberação da libido para novos investimentos a capacidade do ego em ter esperanças de que o mundo e ele mesmo não serão destruídos a despeito da dor psíquica que a perda de um objeto valioso nos impõe. Diferentemente de um processo melancólico no qual tanto objeto quanto ego sucumbem ao imperativo da dor e do desalento desembocando em uma sensação de desesperança atroz que se espalha por todas as facetas da vida.

No entanto, Freud não nos elucida o que oferece ao ego a capacidade de agir de uma forma ou de outra. Nesse sentido, me parece, a teoria proposta por Winnicott nos ajuda a entender melhor as razões pelas quais esses dois desfechos são possíveis, deslocando a problematização das relações amorosas para um momento de construção subjetiva anterior à vivência edípica. Nessa construção teórica, o autor parte do princípio de que a ambivalência amor/ódio não seja inerente ao investimento amoroso, porém uma conquista alcançada ao longo do processo de desenvolvimento emocional infantil. E, a capacidade do ego em sentir esperança é decorrente dessa conquista.

Transferência e dupla sobrevivência: espaço/tempo de emergência da esperança

Segundo Winnicott (1947/2000), o fato de Freud ter trabalhado, quase que exclusivamente, com pacientes neuróticos, o levou a conceber a ambivalência como fundamento dos investimentos. Tivesse Freud trabalhado com pacientes psicóticos, sugere Winnicott, ele teria percebido que, na maioria dos casos, eles demandam de seus analistas que eles lidem com seus investimentos amorosos e raivosos desconectados entre si. Nesses casos, amor e ódio são endereçados ao analista de forma direta, intensa e desligados um do outro. Tal observação clínica levou Winnicott (1969/2007) a postular que a ambivalência não seria fundamento dos investimentos, mas um ganho no desenvolvimento emocional. E um ganho importante pois a partir do momento em que a criança consegue integrar amor e ódio, isto é, amalgamá-los e endereçá-los a um mesmo objeto, ela começa a criar formas de preservar o objeto de seu potencial destrutivo. Inserir, portanto, as correntes amorosa e agressiva no campo da ambivalência nos fornece possibilidades de construirmos relações objetais nas quais se leva em consideração a presença do objeto em sua externalidade e concretude, ou seja, se leva em conta o valor de sua presença viva a partir do que modulamos nossas exigências pulsionais. É somente a partir desse momento, afirma Winnicott, que a ambivalência produz sua eficiência. Importa salientar que Winnicott (1955/2000) destaca que embora tal proposição teórica tenha advindo de sua clínica com pacientes psicóticos, tal movimento ocorre também nas neuroses, o que o faz postular que, nesses casos (neuróticos) em transferência, o analista terá que lidar não apenas com os conteúdos referentes ao conflito edípico infantil, mas, igualmente, com traços afetivos relativos à história primitiva de seus pacientes (PINHEIRO, 2012).

Com essa proposição, Winnicott avança em um ponto que me parece capital. Para ele, em todas as tarefas empreendidas pela criança em seu desenvolvimento emocional, ela não se encontra sozinha, mas conta com a presença de outros que a auxiliam (e/ou a atrapalham) nesse processo. Em relação à problemática da ambivalência, especificamente, Winnicott (1947/2000) segue a trilha freudiana segundo a qual o ódio precede a capacidade de amar. No entanto, afirma Winnicott, um bebê, ao nascer, não é capaz de odiar, pois ódio é um sentimento e como todo sentimento não é passível de ser discernível nos primórdios da vida. Nesse momento precoce só há vivências que deixam traços de experiências que posteriormente serão denominadas e compreendidas a partir do campo linguístico como ódio. Mas essas vivências primitivas são intensas e produzem, sobre o corpo materno, efeitos igualmente intensos e poderosos o suficiente para suscitar nela o ódio. Nesse sentido, afirma o autor, muito antes do bebê poder odiar, a mãe o odeia. E ele elenca vários motivos para a mãe odiar seu bebê, dentre os quais destaco alguns (WINNICOTT, 1947/2000, p. 285-286):

- O bebê não é uma concepção mental sua; ou seja, não se trata de um bebê ideal, mas real.

- O bebê machuca seus mamilos quando suga.

- Ele é impiedoso, trata-a como lixo, uma serva sem pagamento, uma escrava.

- Seu amor excitado é um amor interesseiro, de modo que ao conseguir o que queria, ele a joga fora como uma casca de laranja.

- Ele a excita e a frustra. Ela não pode nem o devorar nem fazer sexo com ele.

A próxima tarefa teórica que Winnicott (1947/2000) enfrenta é a de entender como o ódio materno auxilia o processo de constituição subjetiva de seu bebê sem destruí-lo. Para tal, ele parte de sua perspectiva sobre as raízes da agressividade. Ele sugere que, ao nascer, o bebê conta com uma intensidade motora que o permite abocanhar o seio e o sugar com vigor em prol da obtenção do alimento. Tal intensidade motora é denominada por Winnicott (1964/2005) de agressividade, pois, embora o bebê não tenha nenhuma intenção de agredir a mãe, seu ímpeto produz efeitos dolorosos e danosos no corpo materno que podem ser sentidos por ela como agressivos. No entanto, para que o seio possa ser construído pelo bebê como objeto subjetivo, é necessário que a mãe o ofereça inúmeras vezes para que o bebê possa encontrá-lo a cada vez que o ansiar. A sequência que Winnicott sugere é: fome, isto é, excitação, movimento a algo que aplaque a fome, ataque, mordida, sucção, aplacamento da fome, sono. Nesse processo, ele deduz: excitação, procura, encontro, ataque, destruição. Para o autor, faz-se necessário que esse circuito se produza N vezes para que na enésima primeira vez que o objeto/seio sobreviva à sua destruição, o bebê o antecipe, transformando-o em objeto subjetivo. O que Winnicott destaca aqui, a meu ver, é a positividade da agressividade na construção das relações objetais. Pois, se no início da vida, a agressividade depende que o objeto seja construído psiquicamente como tal, na sequência, dela também dependerá que o objeto se torne externo, pois cada vez que ele é destruído, sobrevive à sua destruição, e é (re) encontrado, o objeto ganha realidade própria, deslocando-se da condição de objeto subjetivo para objetivamente percebido.

Ou seja, para Winnicott (1968/2007), o objeto é destruído porque ele é real e ele se torna real porque é destruído (PINHEIRO, 2018).

Destacando a positividade da destrutividade, Winnicott, no meu entender, faz um movimento extremamente interessante, pois ele inclui nesse circuito busca/encontro/destruição/reencontro/criação a parte que cabe ao objeto (PINHEIRO, 2016). Assim, se pelo lado do bebê há a necessidade de criar inicialmente o seio (como objeto interno) e posteriormente a mãe (como objeto externo), por meio de sua destruição e sobrevivência, pelo lado da mãe faz-se igualmente necessário a criação do filho como objeto diferente-de-si. Isto é, sobrevivendo à destruição imposta pelo ódio materno, o bebê ganha estatuto de externalidade para além da identificação narcísica que os une. Dessa forma, ele pode passar a constituir, para a mãe, um outro-diferente-dela-mesma, sendo nessa possibilidade de separação que Winnicott inclui a função primordial do ódio materno. Nessa perspectiva, odiar seu bebê é fundamental para poder amá-lo em sua singularidade e diferença. Percebemos, então, aqui, um duplo movimento: diferença e singularização. Isto é, ao mesmo tempo em que o bebê alcança a possibilidade de se diferenciar de sua mãe, ele alcança, igualmente, a possibilidade de se singularizar, de se tornar um ser humano total se relacionando a seres humanos totais. Nesse ponto a ambivalência amor/ódio pode ser alcançada e passar a ser utilizada na movimentação dos investimentos amorosos. Nesse circuito, me parece, pode brotar a esperança, como confiança ilusória no ego de que ele (ego) e os objetos do mundo sobreviverão à possibilidade intrínseca de destruição.

À história dessa construção, teremos acesso ao longo dos atendimentos clínicos no movimento de regressão a esse estágio emocional primitivo permitido pela abertura do campo transferencial, razão pela qual Winnicott (1947/2000) procura cernir como tal entendimento teórico nos auxilia na instrumentalização de nosso trabalho clínico cotidiano. Primeiramente ele destaca o fato de que a mãe consegue sentir ódio por seu bebê sem se vingar e sem retaliar, mantendo-se íntegra e sobrevivendo aos ataques agressivos impetrados por seu pequeno bebê. Ele destaca, igualmente, que para alcançar tal façanha, a mãe produz algumas estratégias de sobrevivência, tais como deslocar o ódio do bebê ao pai do bebê, afinal, o responsável por sua situação, ou cantar cantigas de ninar nas quais seu ódio possa ser destilado sem que o bebê compreenda o sentido das canções, por exemplo. O importante, destaca o autor, é que em ambos os casos, a mãe esteja entrando em contato com seu próprio ódio.

Se essa é uma estratégia materna, Winnicott (1947/2000) se indaga quais seriam as estratégias dos analistas para lidarem com o ódio que lhes é suscitado contratransferencialmente pelos ataques agressivos de seus pacientes. Em meu entendimento, ele indica que tal como a mãe, devemos primeiramente observar que temos razões objetivas para odiarmos nossos pacientes. Eles faltam, eles se atrasam, eles desconstroem nossas interpretações, eles não nos pagam em dia, eles destituem nosso trabalho de valor, eles por vezes são exigentes, agressivos e hostis. Winnicott indica que diante desse potencial destrutivo, cabe ao analista sobreviver. Mas, não apenas passivamente, mas de forma ativa, afirma o autor, o analista deve encontrar meios de lidar com a existência do ódio, sem negá-lo, mantendo-o sob controle, o que pode ser instrumentalizado, por exemplo, impondo o final da sessão e/ou cobrando por seu trabalho. Ambos são, em seu ponto de vista, instrumentos importantes para o controle, pelo analista, de seu próprio ódio (além da análise pessoal).

De toda forma, o que me parece importante aqui é percebermos que esse circuito agressivo se apresenta fundamental para darmos um passo definitivo em prol da singularização do paciente, pois a partir do momento em que odiamos o paciente permitimos que ele se desloque do campo do ideal para o real da diferença, uma abertura, portanto, para que aquele paciente se torne singular, único em suas questões. Nesse processo, vivenciando seu potencial agressivo, na relação analítica, o paciente encontra possibilidades de perceber que sua agressividade é limitada e sua onipotência é apenas ilusória. Nesse sentido, ali, nesse espaço em que emerge a dupla sobrevivência – do analista e do paciente – é bem ali onde nasce a fórmula da esperança, isto é, a possibilidade de sustentar, sem desespero, o intervalo que se estende entre a perda e o reencontro dos objetos amorosos.

À guisa de conclusão

Atualmente recebemos em nossos consultórios um número cada vez maior de pacientes cuja capacidade para sentir esperança parece ser um fio tênue e frágil. Eles se apegam a relações amorosas esporádicas e superficiais. Ou procuram prazeres fugazes e intensos, como nas drogas pesadas, jogos perigosos nos quais suas vidas estão em constante risco. Ou ainda, aqueles que desalentados, desesperançosos, se deixam deitar no divã apenas para frisar a impotência de qualquer tratamento terapêutico diante de sua tristeza infinita. Percebo que, em todos eles, o circuito que descrevi acima se estabelece fortemente: a tensão imposta pela pulsão, a busca pelo objeto que a satisfaça, o ímpeto amoroso/agressivo em direção ao objeto, a satisfação alcançada e o vazio. Em todos, me parece, o que ocorre é que nos primórdios de suas existências, o objeto buscado/encontrado se deixou destruir e ao não sobreviver e estar lá novamente para ser acessado, restou, no sujeito, o vazio da busca até que o desalento tenha se instaurado e a desesperança tenha se tornado real. Aqui entrando, a meu ver, a excepcionalidade da transferência, na clínica. Nela, faz-se necessário que o analista esteja disposto a sobreviver e permanecer vivo diante dos ataques eróticos e agressivos de seus pacientes, os quais, se por um lado trazem a potência da destruição, por outro, clamam pela possibilidade de criação. Criação do analista, criação de si mesmos, criação de um campo de confiança que possa sustentar uma possibilidade de esperança.

Como nos diz o poeta:

Dá-me lírios, lírios,
E rosas também.
Mas, se não tens lírios
Nem rosas a dar-me,
Tem vontade ao menos
De me dar os lírios
E as rosas também,
E terei os lírios –
Os melhores lírios –
E as melhores rosas
Sem receber nada.
A não ser a prenda
Da tua vontade
De me dares lírios
E rosas também.

(CAMPOS,1993, p. 106)

Referências

CAMPOS, A. "Poema de canção sobre a esperança". *Livro de Versos.* Lisboa: Estampa, 1993.

FREUD, S. "Sobre a transitoriedade". *In: Edição estandar brasileira das obras psicológicas completas de Sigmund Freud.* Vol. 14. Rio de Janeiro: Imago, 1915/1986a, p. 345-350.

______. "Observações sobre o amor transferencial. (Novas recomendações sobre a técnica da psicanálise III)". *In*: *Edição estandar brasileira das obras psicológicas completas de Sigmund Freud.* Vol. 12. Rio de Janeiro: Imago, 1915/19860b, p. 208-221.

______."Luto e Melancolia". *In*: *Edição estandar brasileira das obras psicológicas completas de Sigmund Freud.* Vol. 14. Rio de Janeiro: Imago, 1917/1986, p. 275-292.

GAY, P. *Freud, uma vida para nosso tempo*. São Paulo: Companhia das Letras, 1989.

PINHEIRO, N. "Algumas reflexões sobre a transferência, contra-transferência e clínica a partir do pensamento de Winnicott". *In*: OUTEIRAL, J.; FISCHER, V.; LEÃO, A. (Orgs.). *Winnicott: Seminários Curitibanos*. 1. ed. Curitiba: Maresfield Gardens, 2012, p. 133-146.

______. "Winnicott e a radicalização do conceito de pulsão de morte: sobre a positividade da destrutividade e a inexorabilidade do conflito". *In*: CARDOSO, M.; HOLANDA, A. F. (Orgs). *Psicanálise e fenomenologia: Estudos e pesquisas clínicas*. Curitiba: Juruá, 2016, p. 117-137.

______. "Impulso destrutivo e ambiente: Winnicott em diálogo com Freud". *Arquivos brasileiros de psicologia,* 70 (1): 291-304, 2018.

WINNICOTT, D. W. "O uso de um objeto no contexto de Moisés e o Monoteísmo". *In*: WINNICOTT, C.; SHEPHERD, R.; DAVIS, M. (Orgs). *D. W. Winnicott: Explorações Psicanalíticas*. Porto Alegre: Artes Médicas, 1969/2007, p. 187-191.

______. "O uso de um objeto e o relacionamento através de identificações". *In*: WINNICOTT, C.; SHEPHERD, R.; DAVIS, M. (Orgs). *D. W. Winnicott: Explorações Psicanalíticas*. Porto Alegre: Artes Médicas, 1968/2007, p. 171-177.

______. "O ódio na contratransferência". *In*: *Da pediatria à Psicanálise: Obras escolhidas*. Rio de Janeiro: Imago, 1947/2000, p. 277-287.

______. "Formas clínicas da transferência". *In*: *Da pediatria à Psicanálise: Obras escolhidas*. Rio de Janeiro: Imago, 1955/2000, p. 393-398.

______. "Raízes da agressão". *In*: *Privação e Delinquência*. São Paulo: Martins Fontes, 1964, p. 102-110.

11. O lugar da esperança nas consultas terapêuticas de Winnicott: Uma perspectiva clínico-institucional

Gustavo Vieira;
Pablo Castanho

Uma das atuações institucionais mais importantes de Winnicott se deu no Hospital Pediátrico Paddington Green, local em que este psicanalista recebeu, ao longo de quarenta anos, cerca de sessenta mil famílias (WINNICOTT, 1991). Foi principalmente nesta instituição – pertencente ao sistema de saúde público inglês – que o psicanalista desenvolveu as consultas terapêuticas, prática clínica que ele distinguia da análise "padrão" (*standard*).

Winnicott (1994d) caracterizava a consulta terapêutica como a exploração mais completa possível da primeira ou de poucas entrevistas clínicas, o que possibilitava uma forma de cuidado para aqueles que não podiam ou não precisavam realizar uma análise de longa duração. Ele propunha as consultas terapêuticas para os casos em que avaliava haver um "ambiente suficientemente bom" de suporte (p. ex. no lar ou na escola), considerando que tal contexto ambiental poderia seguir o trabalho iniciado nas entrevistas (WINNICOTT, 1984, 1994c).

Neste capítulo, realizaremos uma análise das consultas terapêuticas discutindo o lugar da "esperança" neste dispositivo, ou seja, da expectativa de que algo bom aconteça.[1] Embora a esperança não consista em um conceito na obra de Winnicott, este é um termo utilizado em diversos escritos do autor e, além disso, entendemos tratar-se de uma noção que perpassa o seu pensamento.[2]

Neste capítulo, abordaremos inicialmente a esperança por parte dos pacientes e das famílias que recorriam a Winnicott para as consultas terapêuticas. Além disso, ampliaremos nosso enfoque para a dimensão clínico-institucional deste dispositivo, explorando também a problemática da esperança em um horizonte de cooperação interprofissional e de trabalho em equipe.

A esperança dos pacientes e de suas famílias na obtenção de auxílio: implicações psicodinâmicas para as consultas terapêuticas

Winnicott (1994c, p. 230) parte de um pressuposto de base em relação às consultas terapêuticas: "a teoria de que um paciente, criança ou adulto, terá para a primeira entrevista uma certa capacidade de acreditar na obtenção de auxílio e de confiar naquele que o oferece". É fundamental salientar que "certa" capacidade de acreditar implicaria também em momentos de dúvida[3] – acolhidos e sustentados pelo profissional, a fim de viabilizar a confiança do paciente no *setting* clínico.

Em nossa perspectiva, "uma certa capacidade de acreditar" poderia ser também nomeada como uma modalidade de esperança, posição que sustentamos a partir de duas justificativas. A primeira refere-se à consulta terapêutica de Bob, na qual Winnicott (1984, p. 75) afirma que, durante os

---

1 Como possíveis acepções do termo "esperança" identificamos: "expectativa e espera"; "o sentimento de quem vê como possível a realização daquilo que deseja"; e "a confiança em coisa boa" (HOUAISS; VILLAR, 2001, p. 1228).

2 Neste sentido, destacamos que Winnicott (1999) considera o ato antissocial como sinal de esperança. Além disso, em outras obras, o autor considera que certos fenômenos clínicos (p. ex. pacientes com afeções psicossomáticas ou que desenvolvem um falso self cuidador) desvelariam a "esperança" destes sujeitos por um suporte (*holding*) ambiental (WINNICOTT, 1994e, 2000a).

3 A exemplo do que Winnicott (1984) denominou de "período de reavaliação" na consulta terapêutica de Milton, de oito anos.

contatos preliminares, a criança de seis anos demonstrava uma "vaga espécie de esperança". Além disso, ao analisar a obra winnicottiana, Caldwell e Joyce (2011, p. 29, tradução nossa) declaram que "a consulta terapêutica pressupõe que a criança 'que vem com esperança' comunica o que precisa, se for encontrada uma pessoa receptiva para ouvir".[4]

Seria justamente devido à esperança do paciente que, conforme Winnicott (1994c), o material apresentado na primeira consulta seria "relativamente não defendido", permitindo que o profissional entre em contato com aspectos importantes da organização psíquica e do sofrimento do paciente em uma ou poucas entrevistas. Além disso, Winnicott (1994d) considera que o profissional, no contexto destas primeiras entrevistas, não seria reconhecido como um "objeto externo", sendo concebido a partir da vida psíquica do paciente. O psicanalista afirma que esta última ideia foi gradualmente construída ao longo de sua trajetória clínica, mas possui um fundamento em sua atuação como pediatra em um hospital-escola: Winnicott declara ter se deparado com frequentes relatos de crianças sobre terem sonhado com ele – antes mesmo de conhecê-lo – na noite anterior à primeira consulta. Para o psicanalista, esses sonhos consistiam no que ele denomina de "preparo mental imaginativo" em relação a profissionais que as crianças supunham ser "pessoas auxiliadoras". Neste sentido, deparamo-nos com uma acepção muito interessante de sonho, visto que ela abarca tanto o sentido de "vida psíquica inconsciente" (presente desde a obra freudiana), como o do sonho em termos de esperança, ou seja, de "expectativa de algo que seja bom".

A questão da expectativa de auxílio e do sonho prévio às consultas terapêuticas traz algumas implicações sobre o lugar do psicanalista neste dispositivo. Neste sentido, o autor afirma:

> [...] lá estava eu quando, para minha surpresa, descobri-me <u>ajustando-me a uma noção preconcebida</u>. As crianças que tiveram esse

4 "The therapeutic consultation assumes that the child 'who comes with hope' will communicate what she/he needs to, if a receptive person is found to listen".

> sonho me diziam que era comigo que haviam sonhado. Numa linguagem que uso atualmente, mas que não estava preparado para usar naquela época, encontrava-me na posição de objeto subjetivo. O que sinto agora é que nesse papel de objeto subjetivo, que raramente sobrevive à primeira ou às poucas primeiras entrevistas, o médico tem uma maior oportunidade de estar em contato com a criança (WINNICOTT, 1984, p. 12, grifos nossos).

Desta forma, nestas primeiras consultas, Winnicott respondia a partir da posição de "**objeto subjetivo**". Esta lógica fundamenta-se em sua concepção paradoxal de **ilusão**, na qual inicialmente o bebê cria o seio que lhe é oferecido. Logo, da mesma forma que o ambiente precisa se ajustar aos movimentos criativos do bebê, o autor afirma que "[a] dificuldade, para o terapeuta, é com frequência sair-se tão bem quanto pode descobrir-se permitido a fazer" (WINNICOTT, 1994d, p. 245). Assim, o psicanalista problematiza alguns aspectos do manejo do *setting* nas consultas terapêuticas, tema que aprofundaremos na sequência do capítulo.

Ao lado das considerações sobre a expectativa de obter ajuda por parte dos pacientes – no caso de Winnicott, especialmente crianças e adolescentes –, consideramos ser importante também abordar o movimento de busca de tratamento por parte dos pais. Um elemento destacado por Winnicott (1994a) é o fato de que as consultas realizadas no Hospital Paddington Green não demandavam agendamento ou fila de espera, consistindo assim em um espaço "suficientemente aberto" para a população. Neste sentido, o autor declara que as famílias que desejavam o encontrar podiam fazê-lo "esperando algumas horas em um banco duro", em um dia e horário específico da semana (WINNICOTT, 1994a, p. 227).

Além disso, Winnicott (2013a) compreende que mesmo os pais orientados por certas características hipocondríacas em relação aos filhos[5] também podiam estar indicando um sinal positivo de esperança de auxílio, o que demandaria do profissional um manejo que ofereça apoio

5 Em relação a este aspecto, consideramos que o autor se valeu de sua inserção como pediatra em um hospital para construir uma prática institucional inovadora (cf. WINNICOTT, 1984, 1994c, 1994d), que poderia ser considerada hoje como uma atividade no campo da saúde mental.

e escuta à família, sem alimentar uma lógica de patologização dos casos. Deste modo, podemos compreender que o acolhimento do psicanalista em relação à busca de auxílio por parte das famílias – o que entendemos como outra dimensão da esperança – também constituía um elemento importante do dispositivo. Voltemo-nos agora para algumas outras dimensões da esperança relacionadas ao manejo clínico nas consultas terapêuticas.

A esperança de comunicar e ser compreendido: consequências para o manejo clínico

Tendo em vista os aspectos já apresentados sobre as consultas terapêuticas, Winnicott (1994c, p. 230) apresenta um elemento fundamental sobre o papel do profissional: "O que se necessita deste último é um *setting* estritamente profissional, no qual o paciente fique livre para explorar a oportunidade excepcional que a consulta proporciona para a comunicação". Em muitas consultas de Winnicott, verificamos o "jogo do rabisco" (*squiggle game*) como estratégia de comunicação, tema amplamente abordado por diversos autores (p. ex. ABRAM, 2000; DETHIVILLE, 2013). Em nosso trabalho, enfatizaremos a comunicação em relação à temática da esperança.

No contexto das consultas terapêuticas, Winnicott (1994c, p. 230) enfatiza a importância de sustentar (*holding*) um espaço de relacionamento humano e de "livre movimentação", permitindo que "o paciente gradualmente se surpreenda com a produção de ideias e sentimentos que não estiveram anteriormente integrados em sua personalidade total". Assim, também apoiada na "esperança de auxílio" por parte dos pacientes, a sustentação de um espaço de confiança que permita comunicar aspectos psíquicos singulares do sujeito (conflitos, dúvidas, sofrimentos etc.) teria uma função basilar neste dispositivo.

O autor salienta ainda que o mais importante na intervenção nas consultas terapêuticas consiste na expectativa do paciente em ser compreendido.

Ele afirma: "Naturalmente a criança pode sentir-se mais compreendida do que realmente foi, mas o efeito terá sido o de haver dado à criança alguma esperança de ser compreendida e talvez até mesmo de ser ajudada" (WINNICOTT, 1984, p. 13, grifo nosso). Neste sentido, para Winnicott (1994c, p. 230), os comentários interpretativos poderiam ser reduzidos ao mínimo ou mesmo excluídos, orientação que ele enfatiza aos profissionais que possuem menos experiência em conduzir análises longas. Segundo o psicanalista, o mais importante é o "desejo de entender" e a "tentativa genuína de se fazer uso" do que se apresenta, com a perspectiva de que o paciente possa rejeitar aquilo que não lhe serve (WINNICOTT, 1984, 1994d). De acordo com o autor, embora haja "perigo real" em tentar fazer uso do material apresentado pelo paciente em uma ou poucas consultas, haveria igualmente o "perigo de não se fazer absolutamente nada", o que levaria o paciente a se sentir enganado.

Outro elemento destacado pelo psicanalista consiste em sua disponibilidade para uma nova consulta. Winnicott (1971) apresenta um exemplo neste sentido ao final do caso Elisa (de sete anos): ele levanta a possibilidade de "talvez" se encontrar com a criança em outro dia, ao que a ela responde "Espero que sim" (*I hope*), desvelando um lugar para a esperança (*hope)* também nesse aspecto. Além disso, na introdução de sua compilação de casos, Winnicott (1984) afirma que no momento da entrevista deve ser explorado, mas destaca que "há meios de se manter contato" com o paciente e sua família. Neste sentido, verificamos já na primeira consulta terapêutica relatada pelo autor o uso do telefone como uma forma de acompanhar a família (WINNICOTT, 2000b), assim como exemplos de troca de cartas ou fotos em alguns casos (WINNICOTT, 1984). Neste sentido, entendemos que essa "comunicação em potencial" estaria perpassada pela esperança de manter/retomar contato, consistindo também em uma dimensão importante do dispositivo.

Considerando o que expusemos sobre o lugar da esperança por parte dos pacientes e de seus familiares, assim como de suas implicações em termos de manejo clínico, gostaríamos de analisar um elemento que nos parece igualmente constitutivo das consultas terapêuticas: a esperança do próprio profissional na obtenção de auxílio.

"Um *setting* mais amplo": Winnicott e a questão da expectativa de auxílio de outros profissionais

Conforme indicamos na introdução, as consultas terapêuticas eram utilizadas para os casos em que Winnicott entendia haver um ambiente suficientemente bom de suporte. Neste sentido, consideramos importante destacar que esta prática clínica era realizada em um horizonte de trabalho cooperativo. Ele afirma:

> [...] é necessário efetuar este trabalho [a consulta terapêutica] em um *setting* mais amplo em que haja a oportunidade para que um caso deslize para outro tipo de categoria de psiquiatria infantil. [...] Se a entrevista psicoterapêutica se mostrar insatisfatória mesmo quando se pergunta 'Qual é o mínimo que precisamos fazer neste caso?', então um mecanismo mais complexo pode ser colocado em ação. O caso pode tornar-se daqueles que necessitam de todo o sistema de administração psiquiátrica infantil (WINNICOTT, 1994c, p. 247, grifo nosso).

Logo, podemos compreender que a possibilidade de auxílio de um outro profissional de "saúde mental"[6] era inerente ao dispositivo, constituindo um *setting* que abarcava uma rede interprofissional em potencial.

Além disso, a partir de uma leitura atenta das consultas terapêuticas conduzidas por Winnicott, percebemos que esta prática clínica era também ampliada por inúmeras interfaces com profissionais que não pertenciam, em um sentido estrito, às instituições de saúde mental, como trabalhadores da educação, assistência social e da saúde generalista. Neste sentido, Winnicott (1984, p. 138) afirma: "Em muitos casos

6 Tendo em vista as discussões apresentadas por Winnicott (2013b), consideramos que a expressão "outra categoria de psiquiatria" é correlata ao conjunto de profissionais que atualmente trabalham no campo da saúde mental.

outras agências estão trabalhando para ajudar outras crianças ou talvez os próprios pais, de modo que a consulta terapêutica assim descrita necessita ser encarada como apenas uma entre muitas coisas que estão acontecendo numa vasta área do trabalho social". Assim, podemos compreender que "o *setting* mais amplo" das consultas terapêuticas incluía a expectativa de articulação e auxílio em um sentido bastante abrangente.

Neste aspecto, um exemplo muito interessante consiste na cooperação de Winnicott com os clínicos gerais (*general practitioners/GPs*) ou médicos de família. A título de exemplo, a colaboração com este profissional é citada em 8[7] das 21 consultas terapêuticas apresentadas por Winnicott (1984) em sua compilação de casos. Além disso, em um de seus textos, o psicanalista considera que a principal função do médico de família consiste em sua estabilidade e disponibilidade, pois as pessoas da comunidade usariam de maneira positiva a possibilidade de vê-lo, mesmo que não o fizessem (WINNICOTT, 1994b). De modo semelhante, consideramos que, para Winnicott, uma "presença potencial" de diversos profissionais de apoio em diferentes instituições e setores possibilitaria um alicerce para a "esperança" do psicanalista em um dispositivo clínico de intervenção pontual que era, em sua época, pouco convencional. Tendo em vista as considerações acima sobre "o *setting* ampliado", abordaremos agora dois casos clínicos que nos permitem apresentar algumas reflexões sobre esta questão.

O primeiro consiste no caso de Hesta, paciente de dezesseis anos, para a qual as consultas terapêuticas são consideradas, por Winnicott (1984), como parte de um trabalho cooperativo. O atendimento de Hesta foi solicitado por seu médico de família (*GP*), que relatou que a paciente havia apresentado, entre seus diversos sintomas, oscilações maníaco-depressivas, ideação suicida, assim como a importante negação de possuir dificuldades/problemas. A adolescente, que morava em uma cidade do interior, viajou com a mãe a Londres para a consulta com o

7 Os casos são: Alfred, Ashton, Cecil, Hesta, Robert, Charles, Jason e George.

psicanalista. Através do "jogo do rabisco", o psicanalista conseguiu se comunicar de forma profunda com a adolescente, buscando compreender seus impasses de ordem sexual e oferecendo um continente confiável para suas queixas em relação aos seus pais e acerca de seu médico.

Como desdobramento da consulta terapêutica de Hesta, os pais e o médico de família deixaram de tentar convencê-la quanto à sua doença, permitindo que a adolescente buscasse ajuda em seu tempo. Além disso, quando Hesta começou a solicitar cuidados, ela se tornou bastante regredida, fazendo-se necessário um novo apoio: uma garota da comunidade que, mesmo sem capacitação profissional, atuou de forma sensível como uma "enfermeira mental" (*mental nurse*). Winnicott, por sua vez, colocou-se à disposição para ver Hesta sob demanda, sendo o vínculo da adolescente mais estreito com os pais e profissionais de sua localidade, que foram apoiados pelo psicanalista através da troca de correspondências. Ao final do relato, o autor afirma que naquele ano a paciente seguiu sendo tratada em casa com o apoio das pessoas de sua comunidade, acrescentando ainda: "a primeira entrevista que aqui descrevi continua a ser a base do <u>trabalho de equipe</u> que está sendo feito agora com algum sucesso" (WINNICOTT, 1984, p. 205, grifo nosso).

Outro caso que nos parece útil para pensar a problemática em torno da "esperança de auxílio" por parte de outros profissionais é a entrevista do "menino dos cordões", caso apresentado por Winnicott (1983) pela primeira vez em 1960. O paciente de sete anos foi encaminhado por seu médico de família devido a "distorções em seu comportamento" e, durante a consulta terapêutica, revela uma obsessão por "cordões", o que o prejudicava no uso criativo do "jogo do rabisco". A principal hipótese para o psicanalista é a de que o menino sofria de uma angústia de separação de sua mãe, mas indica que o seu "emprego dos cordões" no contexto da consulta ainda revelaria certa "esperança de ajuda". A entrevista do "menino dos cordões" se deu na presença de duas assistentes sociais e de dois visitantes, embora Winnicott não esclareça se estes últimos possuíam algum vínculo com a família. Apesar de haver outro(s) profissional(is) envolvidos no caso – ao menos um médico de família –, o autor não refere o auxílio de uma equipe, mas indica somente que decidiu "convidar os pais a assumirem a terapia de seu próprio filho".

Aproximadamente dez anos mais tarde, Winnicott (1975) retoma o caso do "menino dos cordões", indicando que este não fora curado de sua doença, tendo desenvolvido ainda um "vício por drogas" na adolescência. Ao discutir as possíveis questões para o seu insucesso neste caso, o psicanalista se limita a declarar que o contexto familiar (com uma mãe depressiva) não teria viabilizado o tratamento. Uma perspectiva interessante sobre o caso é oferecida pela psicanalista Susanna Isaacs-Elmhirst (1996), que foi colega e, posteriormente, substituta de Winnicott como médica (*physician-in-charge*) no Hospital Paddington Green. Esta autora sublinha a grande riqueza das consultas terapêuticas e da prática institucional de Winnicott para a saúde pública. Contudo, ela avalia também que, em sua perspectiva, outras possibilidades de ajuda, incluindo possivelmente outros atores, poderiam ter auxiliado na articulação e apoio junto ao pai do "menino dos cordões", visto que a depressão da mãe já era um elemento presente no caso desde a primeira entrevista.

Embora não tenhamos a pretensão de definir as razões para o agravamento do caso do "menino dos cordões", consideramos que a diferença de abordagem de Winnicott nos dois casos citados acima abre espaço para uma releitura contemporânea das consultas terapêuticas em uma perspectiva clínico-institucional.

À guisa de conclusão: das condições para a esperança no cuidado em equipe

Conforme discutimos ao longo do artigo, as consultas terapêuticas constituem um dispositivo que pode ampliar o valor social da psicanálise, possibilitando uma intervenção clínica em uma ou poucas entrevistas a partir de referenciais psicanalíticos consistentes. Além disso, o fato de este dispositivo ter sido concebido principalmente em âmbito institucional – e em um horizonte de trabalho cooperativo – torna esta prática de grande contribuição para a intervenção clínica para além do consultório privado. Neste sentido, consideramos importante indicar algumas questões sobre a interface entre as consultas terapêuticas e o trabalho em equipe.

Para tanto, retomaremos um elemento muito interessante no caso de Hesta: Winnicott (1984) discute (através de cartas) sobre suas divergências de interpretação e de manejo com o médico de família, o que consideramos ter possibilitado uma relação intersubjetiva que permitiu colocar em trabalho as suas diferenças profissionais, assim como construir uma sustentação para a esperança no cuidado cooperativo. Neste aspecto, identificamos uma afinidade das consultas terapêuticas com as problemáticas da atuação em rede nas instituições de cuidado contemporâneas, a exemplo das pertencentes ao SUS e ao SUAS no Brasil.

Neste campo de investigação, alguns autores franceses têm destacado a importância do trabalho intersubjetivo nas/das equipes, a fim de possibilitar uma intervenção efetiva pelas instituições socioassistenciais e de saúde (KAËS, 2005; PINEL, 2005). No mesmo sentido, Lafraia (2019) indica que a manutenção de espaços de trabalho intersubjetivo nas/das equipes estaria diretamente relacionada às condições do "sonhar partilhado" dos profissionais nas instituições de cuidado. Esta referência ao "sonho" nos parece especialmente interessante, pois possibilita retomar e ampliar um aspecto das consultas terapêuticas: assim como o sonho prévio dos pacientes constituiria um "preparo mental imaginativo" para a consulta, os espaços de trabalho intersubjetivo que permitam um "sonhar" nas/das equipes consistiriam em um tipo de "preparo" psíquico para as possibilidades do cuidar.

Consideramos que as consultas terapêuticas na contemporaneidade podem ser enriquecidas pela interface com a perspectiva psicanalítica clínico-institucional, tendo em vista a importância da equipe em seu "*setting* ampliado". Assim, se uma condição para as consultas terapêuticas é esperança dos pacientes em encontrar ajuda, é fundamental seguir refletindo e investigando sobre as condições psíquicas da "esperança em ajudar" (e de encontrar auxílio nesta tarefa).

Referências

ABRAM, J. "O jogo dos rabiscos". *A linguagem de Winnicott.* Rio de Janeiro: Revinter, 2000, p. 197-203.

CALDWELL, L.; JOYCE, A. (Eds.). "General Introduction". *In: Reading Winnicott.* Londres: Routledge, 2011, p. 1-31.

DETHIVILLE, L. "Le squiggle". *In: La clinique de Winnicott.* Paris: Campagne Première, 2013, p. 29-46.

HOUAISS, A.; VILLAR, M. S. "Esperança". *In: Dicionário Houaiss da Língua Portuguesa.* Rio de Janeiro: Objetiva, 2001, p. 1228.

ISAACS-ELMHIRST, S. "Foreword". *In*: KAHR, B. (Ed.). D. W. *Winnicott: A bibliographical portrait.* Londres: Karnac, 1996, p. XV–XXII.

KAËS, R. (Org.). "Souffrance et psychopathologie des liens institués: une introduction". *In: Souffrance et psychopathologie des liens institutionnels: Éléments de la pratique psychanalytique en institution.* 2. ed. Paris: Dunod, 2005, p. 1-47.

LAFRAIA, L. M. *Espaço onírico e trabalho institucional: Condições do sonhar compartilhado das equipes em instituições de cuidado.* São Paulo, Instituto de Psicologia, Universidade de São Paulo, 2019, 144 f.

PINEL, J.-P. "La déliaison pathologique des liens institutionnels: Perspective économique et principes d'intervention". *In*: KAËS, R. (Org.). *Souffrance et psychopathologie des liens institutionnels: Éléments de la pratique psychanalytique en institution.* 2. ed. Paris: Dunod, 2005, p. 51-79.

WINNICOTT, C. "Interview with Clare Winnicott, June 1983". *In*: RUDNYTSKY, P. L. (Ed.). *The psychoanalytic vocation - Rank, Winnicott and the legacy of Freud.* New Haven/Londres: Yale University Press, 1991, p. 180-194.

WINNICOTT, D. W. "A família afetada pela patologia depressiva de um ou ambos os pais". *In: A família e o desenvolvimento individual.* São Paulo: Martins Fontes, 2013a, p. 73-88. (Trabalho original publicado em 1960).

______. "Aspectos clínicos e metapsicológicos da Regressão no Contexto Psicanalítico". *In: Da pediatria à psicanálise: Obras escolhidas.* Rio de Janeiro: Imago, 2000a, p. 374-392. (Trabalho original publicado em 1954).

______. "Clínica particular". *In*: WINNICOTT, C.; SHEPHERD, R.; DAVIS, M. (Eds.). *Explorações psicanalíticas.* Porto Alegre: Artmed, 1994a, p. 223-229. (Trabalho original publicado em 1955).

______. *Consultas terapêuticas em psiquiatria infantil.* Rio de Janeiro: Imago, 1984. (Trabalho original publicado em 1971).

______. "Cordão: uma técnica de comunicação". *In: O ambiente e os processos de maturação: estudos sobre a teoria do desenvolvimento emocional.* Porto Alegre: Artmed, 1983, p. 140-145. (Trabalho original publicado em 1960).

______. "Definição teórica do campo da psiquiatria infantil". *In: A família e o desenvolvimento individual.* São Paulo: Martins Fontes, 2013b, p. 141-152. (Trabalho original publicado em 1958).

______. "Delinquência como um sinal de esperança". *In*: *Tudo começa em casa.* 3. ed. São Paulo: Martins Fontes, 1999, p. 81-92. (Trabalho original publicado em 1968).

______. "Michael Balint. II. Resenha de The Doctor, His Patient and the Ilness". *In*: WINNICOTT, C.; MADELEINE DAVIS; RAY SHEPHERD (Eds.). *Explorações psicanalíticas.* Porto Alegre: Artmed, 1994b, p. 334-337. (Trabalho original publicado em 1958).

WINNICOTT, D. W. "O Jogo do Rabisco (Squiggle Game)". *In*: WINNICOTT, C.; DAVIS, M.; SHEPHERD, R. (Eds.). *Explorações Psicanalíticas*. Porto Alegre: Artmed, 1994c, p. 230-243. (Trabalho original publicado em 1964-1968).

______. "O valor da consulta terapêutica". *In*: WINNICOTT, C.; DAVIS, M.; SHEPHERD, R. (Eds.). *Explorações psicanalíticas*. Porto Alegre: Artmed, 1994d, p. 244-248. (Trabalho original publicado em 1965).

______. "Objetos transicionais e fenômenos transicionais". *In: O brincar e a realidade*. Tradução José Octavio de Aguiar Abreu. Rio de Janeiro: Imago, 1975, p. 13-44. (Trabalho original publicado em 1971).

______. *Therapeutic Consultations in Child Psychiatry*. Londres: The Hogarth Press, 1971.

______. "Tolerância ao sintoma em pediatria: Relato de um caso". *In: Da pediatria à psicanálise: Obras escolhidas*. Rio de Janeiro: Imago, 2000b, p. 168-186. (Trabalho original publicado em 1953).

______. "Transtorno [disorder] Psicossomático. I. A enfermidade psicossomática em seus aspectos positivos e negativos". *In*: WINNICOTT, C.; SHEPHERD, R.; DAVIS, M. (Eds.). *Explorações psicanalíticas*. Porto Alegre: Artmed, 1994e, p. 82-90. (Trabalho original publicado em 1964).

Terceira parte
ESPERANÇA E O MUNDO VIRTUAL

12. Adolescência e esperança na contemporaneidade: Esperar ou esperançar?

Cláudia Yaísa Gonçalves da Silva;
Ivonise Fernandes da Motta

É preciso ter esperança, mas ter esperança do verbo esperançar, porque tem gente que tem esperança do verbo esperar. E esperança do verbo esperar não é esperança, é espera. Esperançar é se levantar, esperançar é ir atrás, esperançar é construir, esperançar é não desistir! Esperançar é levar adiante, esperançar é juntar-se com outros para fazer de outro modo.

(Paulo Freire)

ESPERANÇA. Quantas expectativas cabem em uma única palavra, quantas esperas e vislumbres? A palavra esperança nos coloca em contato com a potência de um vir a ser, com a abertura de possibilidades em diversos cenários. O dicionário da língua portuguesa traz a definição de esperança como "ato de esperar o que se deseja, expectativa, fé em conseguir o que se deseja" (FERREIRA, 2004, p. 370). Outra compreensão sobre esse tema é a de que "a esperança está estreitamente ligada à capacidade do indivíduo de fazer planos e de colocá-los em prática e acreditar na sua realização" (PALUDO; MAZZOLENI; SILVA, 2018, p. 79), e é nessa direção que o tema deste capítulo será discutido.

Estudos têm apontado que a esperança está presente em pessoas que possuem certo nível de positividade para conduzir as suas vidas, de forma que as variáveis esperança, otimismo, autoestima e satisfação com a vida compõem o constructo positividade (BORSA *et al.*, 2017; SANTOS, 2015). Nesse sentido, a disposição positiva de uma pessoa evidencia que nela existe uma percepção positiva sobre si, o futuro e as relações interpessoais. Outra variável que também indica predispor à positividade é a vitalidade subjetiva, ou seja, um estado psicológico que oferece um sentimento de vivacidade, bem-estar, associado à autorregulação e a desfechos positivos durante a vida (BORSA; DAMASIO; KOLLER, 2016). Pode-se pensar, assim, o quanto características individuais que conduzem às formas particulares de adaptação às situações, associadas a elementos ambientais relativos às experiências reais de cada um, podem moderar fatores que contribuem ou dificultam a vivência de positividade.

Considerando que positividade e esperança estão relacionadas, vale refletir: como a adolescência atual tem experienciado a esperança?

O que é ser adolescente hoje?

As características da adolescência, enquanto etapa do desenvolvimento humano, são de amplo conhecimento para grande parte das pessoas, tendo em vista que vários estudos se dedicaram a investigar as especificidades biológicas e emocionais dessa fase. Para se compreender a adolescência é importante distingui-la do conceito de puberdade.

A puberdade é a etapa do amadurecimento humano reconhecida pelas mudanças fisiológicas e biológicas que marcam o crescimento do indivíduo, acompanhada das alterações hormonais, com o consequente desenvolvimento da capacidade sexual e o alcance da vida reprodutiva. Porém, não apenas as mudanças físicas sinalizam esse período, questões de ordem emocional também surgem delineando especificamente a fase da adolescência. A puberdade, então, integra a adolescência. Já a adolescência evidencia particularmente as especificidades do crescimento emocional do indivíduo. Apesar de essas duas etapas acontecerem em momentos próximos, é possível que o indivíduo tenha atingido a puberdade, mas seus comportamentos ainda estejam mais ligados à infância do que à adolescência, isso porque a adolescência é influenciada pelas questões relativas a um dado contexto social, econômico e cultural. Portanto, a experiência de ser adolescente na periferia de uma metrópole pode ser diferente da experiência daquele que vive em um condomínio de classe média/alta na região central da cidade.

Na adolescência é comum que o indivíduo não mais se reconheça com a totalidade do mundo infantil, por já ter maior autonomia sobre algumas questões de sua vida. O adolescente pouco a pouco deixa de se identificar com o corpo e o universo infantil, ao mesmo tempo em que não se sente preparado o suficiente para as situações do mundo adulto. Afinal, em alguns aspectos é dependente e necessita do suporte familiar, mas em outros consegue articular situações por si mesmo, dialogar e debater sobre os assuntos que surgem, além de desenvolver a capacidade de reivindicar os seus direitos. O adulto, em geral, espera que o adolescente tenha condutas mais responsáveis sobre o seu dia a dia, inserindo a ele certas exigências e reconhecendo que existem decisões que o indivíduo é capaz de tomar a partir do seu próprio interesse.

É habitual ser difundido que a adolescência é uma etapa de transição da infância para a vida adulta. Ainda que esta afirmação tenha o seu fundamento, tal transição não deve ser entendida como uma fase de pouca importância, pelo aspecto de indefinição e incerteza a ela associada. É possível refletir que nesse percurso de trânsito – transição –, o adolescente está em um constante movimento de vir a ser. Está construindo um caminho, edificando a sua identidade e expandindo o seu lugar no mundo. A adolescência evoca um constante amadurecimento e aprendizado, os quais são sedimentados a cada nova experiência.

De acordo com o psicanalista Winnicott (1989/1994) a adolescência não deve ser compreendida como uma etapa problemática que necessita de algum tipo de cura ou resolução. Por outro lado, deve ser vivenciada e acolhida com as suas questões particulares, conflitos e impasses, os quais são naturais ao ser humano e ao seu desenvolvimento. Além disso, afirma que o tempo e o próprio processo de amadurecimento conduzirão à superação de tais aspectos da adolescência.

Existe no adolescente um anseio por encontrar e delimitar o seu espaço. É comum que em busca de algo que o defina, aconteça um distanciamento das situações que na infância orientavam e determinavam a sua vida, como a família e as figuras de referência. Não raro, os pais se queixam que pouco são escutados pelos filhos adolescentes, que parecem enfrentar os ditames dos adultos, ou que os filhos se recusam a acompanhá-los em circunstâncias específicas como antes faziam: viagens e encontros de família, por exemplo. Esse comportamento, às vezes, percebido como um isolamento, pode ser entendido como o reflexo da necessidade que o adolescente possui de se reconhecer em um espaço que lhe é próprio, que vai ao encontro do que acredita e se identifica, o que em alguns casos significa romper ou ir na contramão dos costumes familiares.

Essa experiência de se afastar para se encontrar é parte do processo de amadurecimento emocional saudável do indivíduo. Quantos jovens adultos entram em conflito pessoal por perceberem que vivem uma falsa identidade? Com escolhas, carreiras e até famílias construídas com base em expectativas que não são suas, mas que servem para atender ao ideal de outros? Portanto, em parte, alguns rompimentos e superações que o adolescente faz podem ter um valor importante para a construção da sua identidade. Afinal, discordar dos pais e fazer escolhas diferentes das deles não representa que o indivíduo renunciará a tudo o que um dia fez parte e contribuiu para a sua educação e o seu crescimento pessoal.

Tais questões colocam em cena a imaturidade *versus* a maturidade do ser humano. Winnicott afirma que o adolescente por si é imaturo e que esta característica é um aspecto essencial dessa fase, pois permite que o indivíduo se arrisque, inove e experimente. Para tanto, não se recomenda que o adulto exija do adolescente um excesso de responsabilidades que ainda não lhe cabem, pois, corre-se o risco de que se desenvolva uma falsa maturidade com perda da espontaneidade, rigidez e controle excessivo. A maturidade é uma aquisição posterior no desenvolvimento, construída pouco a pouco.

> A imaturidade é uma parte preciosa da adolescência. Nela estão contidos os aspectos mais excitantes do pensamento criador, sentimentos novos e diferentes, ideias de um novo viver. A sociedade precisa ser abalada pelas aspirações daqueles que não são responsáveis. Se os adultos abdicam, o adolescente torna-se prematuramente, e por um falso processo, adulto. (WINNICOTT, 1971/1975, p. 198)

As aspirações adolescentes sustentam a liberdade de sonhar, contrapor opiniões, quebrar padrões e abrir espaço para novas perspectivas. A inquietude do adolescente fomenta que a sociedade não se acomode, que tenha um olhar novo para o que é tido como normal e esperado. Além disso, Winnicott (1971/1975) reforça que o idealismo é um aspecto fascinante e presente na adolescência, o qual possibilita que se faça planos e acredite na sua concretização. Assim, o adolescente lança luz à esperança quando o adulto apresenta desilusão, o adolescente mostra a potência da vida quando o adulto se afasta de suas motivações. Tão produtivo é quando o adulto alcança a maturidade mantendo a ousadia da adolescência! A imaturidade do adolescente pode ser compreendida como possibilidade de mudança, como a força que aponta para a esperança, para o enfrentamento do desconhecido, do novo, do desafio.

O estabelecimento de relações interpessoais embasadas na confiança pode ser um fator que contribui para a esperança na adolescência. Nesse sentido, maiores níveis de confiança favorecem uma maior motivação para o alcance de objetivos e para o planejamento de ações passíveis de execução. Para tanto, é importante que a confiança interpessoal seja possibilitada desde a infância no meio familiar e nas primeiras referências da criança, facilitando o seu desenvolvimento. Outro dado relevante é o lugar da relação com os pares na adolescência, a qual tende a ser um componente favorecedor da esperança, pelo fato de trazer aprendizado e perspectivas a partir de um caráter simétrico dos amigos e grupos para com o adolescente (LÓIOS, 2016).

Importante notar que a realidade nos coloca em contato com uma adolescência característica da pós-modernidade, com aspectos particulares ao período em que vivemos, permeado pelo consumismo, rápido acesso a informações, liquidez nas relações e ideal de liberdade. Tais aspectos repercutem no adolescente de várias formas. O adolescente, ao se afastar parcialmente do âmbito familiar tende a se agrupar em contextos nos quais circulam interesses e assuntos próximos aos seus. Procura o que em comum o liga aos pares e a um determinado grupo, podendo ser um estilo de música, modo de se vestir, games ou a preferência por um esporte. Atualmente, vários fatores podem incidir no modo de vida adolescente e a tecnologia da informação faz parte desse cenário.

Adolescência e redes sociais

As novas tecnologias, por meio da internet e dos aparelhos tecnológicos, atuam mediando a comunicação interpessoal. Pelas redes sociais virtuais as pessoas discutem assuntos do cotidiano, trocam informações, observam a vida umas das outras, resolvem problemas, divertem-se com vídeos engraçados, acompanham notícias, iniciam relacionamentos amorosos, encerram outros e tantas mais atividades possíveis. No Brasil, os usuários adolescentes costumam utilizar certas redes sociais, como: WhatsApp, Instagram, Facebook, Youtube, Twitter e Snapchat (DEL DUCA; LIMA, 2019).

O sucesso dessas redes no meio adolescente se deve, em parte, à agilidade com que a comunicação acontece. De forma imediata uma notícia é acessada, visualizada e compartilhada para muitas pessoas. Além da rapidez com que as notícias e informações circulam, as redes sociais também oferecem uma outra dimensão acerca do espaço e tempo, inserindo a sensação de que estamos próximos, presentes e de que há certa intimidade nas relações, ainda que seja com pessoas desconhecidas. Um exemplo bastante comum é a repercussão que os chamados influenciadores digitais possuem na vida dos adolescentes. Os *digital influencers*, em geral, são *youtubers* ou pessoas que a partir de suas contas nas principais redes sociais compartilham com seus seguidores aspectos de suas vidas, fatos do cotidiano, deferem a opinião sobre determinados assuntos, além de frequentemente serem remunerados para divulgarem produtos e serviços para o seu público. Quanto mais seguidores (*followers*) possuem, mais os influenciadores se tornam uma autoridade frente ao seu público. Essa influência é bastante potente entre os adolescentes, os quais, ao serem influenciados, almejam ter acesso e consumir produtos que os *digital influencers* divulgam e fazem uso.

Consumir o que é divulgado nas redes sociais tem se tornado um comportamento bastante recorrente entre os adolescentes, pois lhes oferece a sensação de pertencimento, de se sentirem parte e incluídos em determinado grupo ou contexto. A influência digital abrange inúmeras situações: a marca do *smartphone*, do *notebook*, entre outros eletrônicos, itens de vestuário que compõem o *look*, como tênis, roupas, acessórios, cosméticos, produtos de higiene pessoal e até mesmo viagens e lugares para se frequentar. O comportamento do adolescente se torna, então, sugestionado a obter o que em seu meio relacional é considerado interessante, legal e almejado. O adolescente antenado é aquele que não só curte e segue determinado *digital influencer*, mas que ainda se comporta de acordo com aquilo que é divulgado nas redes sociais e esperado perante os seus pares.

É fato que esse novo modo de viver a adolescência reflete na forma como o indivíduo pensa a sua vida, as suas prioridades e o seu futuro. Falar sobre futuro na adolescência é um desafio, afinal, ainda se está descobrindo o mundo e as suas possibilidades. Torna-se mais prático o adolescente se posicionar frente àquilo que não gosta, que não se imagina fazendo, do que afirmar como espera que seja o seu futuro, até porque é preciso considerar que hoje se pode ser e fazer muitas coisas.

Vale ilustrar o caso de uma paciente de dezessete anos, atendida por uma das autoras, que chegava nas consultas psicológicas muito angustiada por não saber qual curso universitário escolher. Sofria a pressão familiar para que decidisse por determinadas áreas profissionais com as quais não se identificava, além de se sentir insegura para tomar uma decisão na qual futuramente poderia se ver infeliz. Na psicoterapia a paciente se encontrava em um importante momento de descoberta de um lado bastante criativo de si, que a direcionava para atividades e profissões menos tradicionais. Neste caso, entender e acolher dentro de si a possibilidade de seguir um caminho pessoal inovador e diferente dos seus pais foi um percurso árduo e de difícil enfrentamento interno para uma garota que sempre atendeu às expectativas familiares.

Os adolescentes na atualidade têm se deparado com várias incertezas. Por um lado, tem-se um futuro idealizado, baseado na sociedade pós-moderna e mascarado pelas redes sociais, onde se vende que uma vida bem-sucedida é aquela postada no Instagram, em que aos vinte e poucos anos o indivíduo alcançou a independência financeira, possui uma marca com seu nome, comprou um apartamento e tem várias viagens internacionais para contar. Esse é um dos modelos de felicidade e futuro que muitos adolescentes e jovens perseguem e que ao mesmo tempo gera frustração, justamente por não ser um modelo plausível e alcançável para muitos. A questão é que se percebe que algumas pessoas parecem ser mais influenciáveis do que outras. Aquelas que acreditam que para serem felizes necessitam seguir determinados padrões compartilhados nas redes sociais, também são as que provavelmente mais serão atingidas negativamente em sua autoestima.

Adolescência e esperança

Se for considerado que autoestima é um aspecto associado à esperança, um adolescente que se sente depreciado por pensar que a sua vida é menos interessante que a de outras pessoas das redes sociais, que se sente infeliz por não ter o que tais pessoas possuem, também tem maior chance de ter pouca esperança sobre as suas perspectivas futuras. Um estudo com uma população adolescente na faixa etária de dez a dezenove anos identificou que aqueles que apresentavam mais pensamentos positivos possuíam mais esperança e, consequentemente, maior satisfação na vida. Assim, os adolescentes com mais autoconfiança nas capacidades pessoais para resolver problemas e alcançar seus objetivos tinham maior satisfação. Há, então, uma importante correlação entre pensamentos positivos (incluindo a esperança) e a satisfação com a vida. Por outro lado, aqueles com pensamentos desadaptativos ligados a uma visão negativa de si, incluindo ameaça física e ameaça social, tinham menores índices de esperança (SANTOS, 2015).

Em meio a esse cenário é necessário avaliar os aspectos que conduzem a uma adolescência emocionalmente saudável, considerando que as redes sociais continuarão presentes trazendo influências que repercutirão na vida dos adolescentes. Nesse sentido, alguns aspectos têm sido ponderados como fatores protetivos na adolescência e que, portanto, devem ser estimulados nessa fase. Pode-se citar: a construção da identidade, competência social, autoeficácia, autoestima, confiança no futuro, otimismo e capacidade de enfrentar eventos estressores. Tais elementos, quando convergentes, favorecem a experiência de positividade na adolescência (BORSA *et al.*, 2017).

Uma das perspectivas que lança luz a essa problemática é a importância de ações voltadas à prevenção em saúde mental. Não se pode esperar que situações extremas aconteçam para que sejam tomadas providências remediativas. Tem-se acompanhado frequentes casos de sintomas depressivos, automutilações e comportamento suicida na adolescência. Essa faixa etária precisa de ações que promovam o acolhimento, a escuta, a troca de experiências, espaços que facilitem o intercâmbio de sentimentos, onde o adolescente não é julgado pelas suas incertezas, mas acolhido e estimulado em suas potencialidades. Tais espaços precisam ser construídos nas famílias, nas escolas, nos grupos esportivos/culturais e nos demais ambientes em que os adolescentes estão presentes, incluindo a internet. Assim, tem-se um direcionamento que facilita o indivíduo a ser positivo e acreditar na própria capacidade de construir algo para si. Borsa *et al.* (2017, p. 306) afirmam que "pessoas com altos índices de positividade tendem a ter maiores índices de esperança, a serem mais otimistas, a apresentarem maior autoestima e ter maiores escores de saúde mental (especificamente, menores índices de depressão e ansiedade)".

Nessa direção, os adultos podem contribuir no sentido de estabelecer elos que favoreçam a comunicação, ao invés de criar muros a partir do julgamento, da repressão e da não compreensão de que a adolescência carrega em si a abertura para o novo, para a descoberta, para a vitalidade que há no ser humano.

Citamos aqui o caso de um paciente adolescente de quinze anos, atendido por uma das autoras, tido como rebelde, sem limites e má influência na escola, mas que em casa apresentava o comportamento oposto, pois era solicitado a assumir responsabilidades adultas (falsa maturidade) devido a uma situação de saúde que acometia a sua mãe. Afastado de parte da sua adolescência, era na escola que o garoto encontrava lugar para agir "sem limites". Verificou-se que o adolescente possuía escassas referências adultas positivas em sua vida e pouco conseguia vislumbrar um futuro exitoso para si. Foi só quando sua mãe entendeu as necessidades emocionais do filho de ser também cuidado, olhado e livre para ser adolescente, que as mudanças começaram a acontecer. O adolescente pôde resgatar interesses particulares, iniciou cursos de informática e programação, onde foi capaz de desenvolver competências e habilidades, mas, principalmente, pôde voltar a sonhar!

Em meio a tantas questões a que o adolescente é conduzido a se deparar, como as exigências familiares, ideais pessoais, influência das redes sociais, expectativas dos pares, é fundamental a construção de um campo no qual o indivíduo se sinta real. Do mesmo modo, em um contexto no qual o adolescente é envolvido e incitado a viver em um mundo de aparências e *status*, é preciso resgatar o que de particular e único existe em cada um. Parece uma proposta um tanto quanto na contramão do que a pós-modernidade apresenta ao adolescente, uma proposta que conduz à busca do verdadeiro eu (*self*), da essência do humano, do que dá sentido à existência, respeitando a história e as experiências pessoais.

Mas como possibilitar isso ao adolescente?

Sem dúvida, um dos caminhos possíveis é aquele que favorece a manifestação do que de mais autêntico e genuíno existe em cada ser. Podemos encontrar essas experiências na arte, na música, na dança, na poesia, no esporte, ou seja, nas atividades que colocam em relevo a criatividade pessoal. É importante que sejam oferecidos espaços que estimulem a espontaneidade e a vida criativa, a fim de que o adolescente reconheça a sua capacidade de produzir e criar algo positivo no mundo e para si. Sobre isso, Winnicott (1971/1975) destaca o lugar da experiência cultural como abertura para a vida criativa. Este lugar se encontra no que o psicanalista nomeia de *espaço potencial*, o qual está entre o mundo interno e o ambiente (mundo externo), onde também se acomoda o lugar do brincar, da religião, da ilusão e da cultura.

Vivências que aludem à experiência cultural e ao uso do *espaço potencial* podem ser notados nos grupos de adolescentes e jovens das periferias brasileiras, os quais, articulados em coletivos, produzem iniciativas educativas, culturais e artísticas para os moradores das comunidades periféricas (SILVA; MOTTA, 2015). A peculiaridade desses coletivos é justamente a de veicular uma comunicação horizontal entre os membros das comunidades, contribuindo para a difusão de informações e o olhar às reais necessidades locais. Estes coletivos, por exemplo, por meio das redes sociais, facilitam que os adolescentes interajam e se identifiquem com pessoas que compartilham experiências próximas. Atualmente encontramos vários coletivos que unem e dão voz à juventude das periferias, como o HaPhirma, coletivo artístico do Butantã (São Paulo), o OPNI de graffiteiros de São Mateus-SP e o África em Nós de jovens negros de São Gonçalo-RJ.

Acreditamos que atividades que possibilitam a expressão cultural podem conduzir a uma aproximação e resgate de uma vida dotada de maior sentido, favorecendo a autoestima, a confiança no futuro e a esperança. As experiências culturais têm o poder de colocar a vida em movimento, sustentar transformações na realidade pessoal, possibilitar a ressignificação de experiências difíceis e oferecer a abertura para a construção de novos sentidos na história de cada um, contribuindo para o amadurecimento emocional e para a saúde psíquica (SILVA, 2016). É preciso, então, fortalecer a potência do adolescente de ser capaz de criar, construir, desenvolver, não ficar paralisado no "esperar" da palavra esperança, mas colocar em prática o *esperançar*, como dizia Paulo Freire.

Referências

BORSA, J. C.; DAMASIO, B. F.; KOLLER, S. H. "Escala de Positividade (EP): Novas Evidências de Validade no Contexto Brasileiro". *Psico-USF*, 21 (1): 1-12, 2016 (Itatiba). Doi: 10.1590/1413-82712016210101.

BORSA, J. C. *et al.* "Escala de positividade: Evidências iniciais de validade para adolescentes brasileiros". *Aval. psicol.*, 16 (3): 301-309, 2017 (Itatiba). Doi: 10.15689/ap.2017.1603.12472.

DEL DUCA, R. M.; LIMA, V. H. B. "A influência das mídias na adolescência". *Cadernos de psicologia*, 1 (1), 2019.

FERREIRA, A. B. de H. *Miniaurélio: O minidicionário da Língua Portuguesa.* 6. ed. Rev. atualiz. Curitiba: Positivo, 2004.

FREIRE, P. *Pedagogia da esperança.* São Paulo: Paz e Terra, 2014.

LÓIOS, C. C. *Confiança interpessoal e esperança: Estudo da sua relação numa amostra de adolescentes.* Coimbra, Faculdade de Psicologia e

Ciências da Educação da Universidade de Coimbra, 2016. (Dissertação de Mestrado).

PALUDO, S. dos S.; MAZZOLENI, M.; SILVA, A. P. C. da. "Expressão de esperança em adolescentes em situação de acolhimento institucional". *Rev. SPAGESP,* 19 (1): 76-89, 2018 (Ribeirão Preto).

SANTOS, I. M. O. *Pensamentos automáticos, esperança e satisfação com a vida na adolescência.* Lisboa, Universidade de Lisboa, Faculdade de Psicologia, 2015 (Dissertação de Mestrado).

SILVA, C. Y. G. da; MOTTA, I. F. da. "Entre versos e rimas: Uma reflexão sobre a criatividade no RAP". *Winnicott e-prints,* 10 (1): 1-23, 2015 (São Paulo).

SILVA, C. Y. G. da. *Nas batidas do rap, nas entrelinhas dos versos: Uma reflexão winnicottiana sobre o amadurecimento juvenil.* São Paulo, Instituto de Psicologia, Universidade de São Paulo, São Paulo, 2016 (Dissertação de Mestrado). Doi: 10.11606/D.47.2016.tde-16082016-105944.

WINNICOTT, D. W. *O Brincar e a Realidade.* Rio de Janeiro: Imago, 1975. (Trabalho original publicado em 1971).

______. "Deduções a partir de uma Entrevista Terapêutica com uma Adolescente". *In*: WINNICOTT, C.; SHEPHERD, R.; DAVIS, M. (Orgs.). *Explorações Psicanalíticas: D. W. Winnicott.* Porto Alegre, Artmed, 1994, p. 249-259. (Trabalho original publicado em 1989).

Bibliografia consultada

MOTTA I. F. da; ROSAL, A. S. R. de; SILVA, C. Y. G. da. (Org). *Psicologia: Relações com o contemporâneo.* São Paulo: Ideias & Letras, 2018.

ROSA, J. T.; MOTTA; I. F. da. (Org.). *Violência e sofrimento de crianças e adolescentes na perspectiva winnicottiana.* Aparecida, SP: Ideias & Letras, 2008.

13. Redes sociais: Esperança, desesperança ou falsa esperança?

Claudia Catão

A esperança é uma reação à tentação de desistir.

Anthony Wrigley (2019)

Querido leitor, seja bem-vindo (a). É muito bom ter você por aqui. Cocriar com você é muito especial para mim! Vamos aproveitar cada minuto. E é pra já!

Existem várias definições sobre esperança, desesperança e falsa esperança. Vou começar a nossa conversa definindo como vamos entendê-las aqui. Vou partir do mais simples para o mais complexo.

Falsa esperança ou falsas esperanças são as "distrações" que colocamos no nosso caminho, meio que por acidente. Essas atitudes ou escolhas acontecem na nossa vida quando não as avaliamos bem antes de agirmos. E agora você já poderia me questionar: "Mas, Cláudia, porque eu escolheria algo que tem chance de não ser bom pra mim?". Ótima pergunta a sua. Contudo, antes de te mostrar como caímos nessas ciladas das falsas esperanças, vamos juntos fazer um exercício rápido, caminhando pela sua vida. Por favor, tenha a gentileza de olhar para trás sem criticar você mesmo e verá algumas dessas coisas que você jamais faria se tivesse parado e avaliado antes de fazer. Feito? Muito bem! Cada vez que voltamos e aprendemos com as nossas experiências, evitamos cair nas mesmas ciladas. Poderemos cair em outras, mas, pelo menos, não vamos repetir as mesmas.

E como sempre digo no consultório: quando você está morrendo de sede e te oferecem água, você não pergunta se ela é filtrada antes de beber, pergunta? Pois é. A cilada está bem aí. Quanto maior o desespero para tocar o barco da vida para frente, ou para achar um motivo para prosseguir, menor é a nossa capacidade de escolha do que é ético, justo e bom pra nós. E já concluindo esse ponto, não conseguimos pensar direito porque precisávamos muito de algo que nos fizesse sentir vivos, que nos desse uma razão para continuar. Importante perceber que, por alguns momentos, acreditamos que eram esperanças verdadeiras. E é sempre muito sofrido e ainda mais desesperançador quando descobrimos que era tudo falso. Agora preste atenção no que vou dizer. Não somos enganados apenas pelos anúncios, nem pelas propostas mágicas, nem pelas pessoas encantadoras. Não somos pobres coitados que caímos na postagem fajuta do Facebook ou no *story* sedutor do Instagram. Não! Nós temos uma participação central nisso. E é fundamental que possamos nos responsabilizar pela vida que levamos e pelas escolhas que fazemos ou escolhemos não fazer. Essa história de colocar a culpa dos meus problemas nos outros não cola mais. Sou eu quem tenho a responsabilidade sobre a minha vida. E você sobre a sua. O fato é que vivemos correndo na vida. Mas, na verdade, a maioria de nós vive enchendo a cabeça de coisas para não parar para pensar. E nessa pressa nos descuidamos, nos enfraquecemos demais e nos tornamos presas fáceis! A propaganda não seria tão eficiente assim, se estivéssemos atentos às nossas reservas de vida, por exemplo. Devíamos nos perguntar sempre em que níveis estão as minhas reservas: de vitalidade? Estão baixas. De motivação? Não andam aparecendo. De sono? Se recusam a chegar há meses. De amigos? Não tem tempo para eles. De propósito para a vida? Trabalho pra pagar as contas. De amor? Que amor? Nem sei mais o que é isso! E a [minha] saúde? Deixa pra lá, depois cuido da doença. Sou eu agora que te pergunto, meu querido leitor. Será que você acredita mesmo que dá pra viver desse jeito? Entenda isso, por favor. A nossa capacidade de "esperançar" está ligada fortemente às nossas reservas internas e ao cuidado/descuidado com elas. Quando as reservas chegam na metade do seu tanquinho interno, já é preciso buscar ajuda.

Mas, ajuda para quê? Para conversar, aprender a se entender e a respeitar os seus limites, por exemplo. Abandonar-se à própria sorte ou azar é escolher cair nas próximas ciladas. Não fique bravo(a) comigo pelo que vou dizer. Ao escolher cuidar de todo mundo antes de você, você negligencia as suas necessidades básicas. E sem cuidados, você vive, ano após ano, sem reservas e se coloca à mercê das falsas esperanças que tanto sofrimento te causarão.

– Tá bom, Cláudia, essa conversa está muito dura! E exemplos práticos de ciladas de falsas esperanças, você tem? Vamos lá: aquele curso intensivo que transformaria a sua carreira na carreira dos sonhos em dois finais de semana; o super livro de auto-ajuda que desbloquearia a sua capacidade de amar em cinco lições; os fantásticos e muitos *happy/ sad hours* em bares com muito álcool na tentativa de fingir que é feliz; os encontros vivenciais à base de substâncias "místicas" para curar traumas passados e revelar o seu verdadeiro eu; as idas às videntes; as propostas de viver só para comer. Temos também os exemplos que você mesmo trouxe ao revisitar o passado. Mas, fique tranquilo, os desacertos fazem parte da vida, desde que tenham servido de aprendizado.

Pare, reflita, compreenda e aprenda com as suas experiências. Não entender o porquê das suas atitudes é escolher sofrer e repetir, repetir e repetir.

Mas, e a desesperança, como ela é?

A desesperança é caracterizada por viver na ausência de esperança. A desesperança está apoiada em três bases: 1) Eu preciso aceitar o meu próprio destino; 2) O tempo está encerrado e nenhum fator novo mudará de forma positiva o meu futuro; e 3) Eu estou sozinho e só me resta retirar desse mundo.

Mas, inevitavelmente, em alguns momentos da vida, enfrentamos situações potencialmente assustadoras, que causam em nós muito medo e sofrimentos terríveis. Nesses momentos percebemos que a nossa capacidade de ter esperança fica abalada. Nos agarramos com todas as forças ao último fio de esperança que temos. E lutamos para não cair em total desesperança e completo desespero. E é verdadeiro afirmar que em presença de esperança temos forças para lutar contra o desespero. A esperança é uma reação ante a tentação de desistir de lutar.

De que esperança vamos conversar aqui?

A esperança é uma força surpreendentemente forte que coloca as pessoas juntas. A confiança é a base da esperança, ou em outras palavras, a esperança só permanece em nós se houver a presença da confiança.

Alguns autores falam da esperança como sendo um estado mental positivo direcionado a um desejo. Como quando uma pessoa espera que aconteça algo que ela acredita que poderá mudar a sua situação. Um exemplo: um amigo meu foi diagnosticado com câncer. Ele tem esperança de ser curado. Ele acredita que, caso o tratamento dê certo (realidade), ele será curado. Suas esperanças são colocadas na possibilidade de que a cura possa acontecer. E para que a esperança surja, é preciso confiar nessa chance. "Ok, Cláudia, mas porque você está explicando isso?" Você já vai entender. Agora, é a minha vez de te perguntar:

— E no caso de um paciente terminal, que sabe que não será curado, que enfrentará muita dor física e sozinho, sem parentes por perto para confortá-lo. Poderá ele ter esperança? Difícil de responder, não é mesmo? A gente prefere nem pensar nisso de tão assustador que parece. É aquele momento em que a gente pensa: "Deus me livre!". Mas, vamos pensar juntos então. Assim, compartilhando as angústias, abrimos juntos um espaço livre para pensar, como nas psicoterapias. Agora, uma coisa eu sei: se esse paciente puder ter esperança, nós todos poderemos tê-la também, concorda? Avançando, então.

Se considerarmos a definição anterior, esse paciente não poderia ter esperança. Não há a possibilidade de que algo aconteça e mude a sua situação. Contudo, vamos conhecer a Esperança Absoluta. Ela combate as três bases do desespero que citei lá no início. E como ela é? 1) Uma esperança que permite que você transcenda (fique maior que) o fato inevitável (a morte, no nosso exemplo) e mantenha-se íntegro (inteiro) ao enfrentá-lo(a); 2) Uma esperança que compreende o tempo como aberto, podendo ser preenchido com as possibilidades da experiência; e 3) Uma esperança presente na dimensão comunitária, envolvendo esperança no outro ser humano e numa ligação amorosa com ele e consigo mesmo. Lindo, não é? Essas três bases acontecem pela natureza incondicional do amor de Deus. Mas, independentemente de você acreditar em um Deus amoroso ou não, vou citar os *insights* que essa esperança me trouxe e que vão ser a base para entender as redes sociais: 1) A capacidade de experimentar a esperança acontecendo quando estou ligado em comunhão a outras pessoas e em comunhão comigo mesmo; 2) A compreensão de que somos esperança e não, de que temos esperança (ela não é uma posse, mas sim, uma experiência); 3) A intenção de estar em busca de esperança para nós e não em busca de uma esperança individual apenas para mim; 4) A percepção de que a vida é para ser compartilhada em comunidade; e que o elo de ligação entre nós nessa comunidade é o vínculo comunitário amoroso; 5) A descoberta que estarmos ligados em esperança é o que torna a nossa comunidade humana; e esse vínculo comunitário amoroso nos fornece uma base contínua para que a esperança possa ser uma expressão da solidariedade entre nós. Que tal?

Mas, e a tal Solidariedade? O que ela nos acrescenta?

Quando pensamos em solidariedade, logo vem à cabeça: pessoas que se apoiam umas às outras, possuem os mesmos sentimentos em relação a uma causa ou ideal. Podem também compartilhar as mesmas ações em situações onde os interesses são comuns. A solidariedade tem um aspecto de reciprocidade e de igualdade. Ela permite que nós percebamos de que forma o nosso próprio potencial e da nossa família influenciam o destino do outro. Mas, como ela se constitui? A solidariedade tem quatro dimensões: um fundamental e três relacionais. A primeira, a dimensão fundamental, significa estar visivelmente e intencionalmente comprometido a estar ao lado de um indivíduo, grupo ou organização, ou mesmo a um ideal. É uma solidariedade que dá suporte, como por exemplo, um prisioneiro político que compartilha os mesmos ideais com outros companheiros de causa e com todos aqueles que como ele, lutam contra a opressão. As três dimensões relacionais são: 1) Uma intenção de auxiliar outra pessoa em situações moralmente problemáticas. Ex.: grupo de apoio para presos em penitenciárias; 2) Uma solidariedade construída entre estranhos que se transforma em forte ligação de reconhecimento entre pares. Ela leva a um reconhecimento de semelhanças entre pessoas e grupos. Ex.: grupos de pacientes terminais que se apoiam mutuamente; 3) Uma forte identificação entre aqueles que estão oferecendo ajuda e os que estão sendo ajudados. Ex.: grupos de apoio a pacientes com câncer conduzidos por ex-pacientes. E volto a te perguntar, meu querido leitor:

— Como entender o valor da solidariedade? Ela é muito especial.

A ligação entre nós, seres humanos e em comunidade, e o nosso engajamento, uns com os outros, são despertados por meio do apelo à nossa humanidade e à compreensão do que representa estar unido a outro ser humano. Estarmos conectados, de forma genuína, uns aos outros em comunidade, resgata o que há de mais humano em nós (como nas redes sociais). Essa vinculação amorosa permite que a esperança aconteça a partir desse vínculo genuíno. É ele que nos reconecta ao humano que está no íntimo de cada um de nós. Por sermos seres humanos, somos os únicos seres que tem a capacidade de nos conectarmos assim. Essa conexão permite que tomemos posições e criemos soluções frente a situações desafiadoras, que por meio de atividades não coletivas, seríamos incapazes de resolver. Esse aspecto de comunidade na concepção da solidariedade é particularmente importante para compreendermos os impactos das redes sociais na vida das pessoas e porque as redes sobrevivem ao tempo. Vamos conversar agora sobre redes sociais e depois vamos unir todos os pontos dessa nossa teia.

O que são Redes Sociais? Por que elas sobrevivem ao tempo?

Uma rede social é um conjunto organizado de pessoas. Ela é composta por seres humanos e pelas conexões entre eles. A forma de uma rede social obedece a estruturas muito próprias. As redes sociais orgânicas têm uma estrutura, uma complexidade e uma condição de espontaneidade que não são encontradas em redes sociais organizadas. As redes sociais se organizam livremente, a partir de cada membro. Os laços podem ser efêmeros ou para uma vida inteira, casuais ou muito intensos, de forma declarada ou anônima. A construção de uma rede social vai depender de como cada um define seus laços e interesses. Você define a sua rede social de três formas: primeiro, você decide a quantas pessoas vai querer estar conectado; depois, quão densamente interconectado você estará a esses amigos ou à família, e se de alguma forma você estará; e em terceiro, você controla quão centralizado vai estar dentro dessa rede. Você pode decidir estar no centro (sendo mais influenciado) ou pode ficar mais na periferia. E ainda decidirá que nível de intimidade você pretende ter com cada um. Atenção aqui! Se nós temos a opção de escolher a quem estaremos conectados, podemos escolher também quem estará nos influenciando. E isso é bem importante. Somos influenciados em até três níveis nas redes sociais. E aí seria a sua vez de investigar:

— Mas o que significa ser influenciado em até três níveis nas redes sociais?

Significa que eu influencio meus amigos, os amigos dos meus amigos e os amigos dos amigos dos meus amigos. E da mesma forma, eu serei influenciada em três níveis também. Logo, é verdade dizer que há um efeito de contágio nas redes? Sim, é verdade. Uma vez que a informação flui por entre as conexões, quanto mais central você se coloca nessa rede, mais influência direta você sofrerá e mais você modelará os indivíduos que estiverem conectados a você. Adicionalmente a isso, sabemos que nós, seres humanos, tendemos a nos deixar influenciar pelos outros. E também copiamos uns aos outros em comportamentos e atitudes. Quanto maior o número de pessoas que postam determinadas ações, maior o poder de influência deste grupo sobre as pessoas que estão conectadas a elas. Uma rede social tem sua própria vida e não há um controle central do movimento do grupo. O grupo manifesta um tipo de inteligência coletiva que encaminha e ajuda os que fazem parte da rede e também detém predadores. Para dar um exemplo da potência de uma rede social, vamos considerar que você tenha vinte contatos sociais: cinco amigos, cinco colegas de trabalho e dez membros da sua família. Para que a gente possa fazer uma conta simples, vamos considerar que cada um deles tem um número igual ao seu de amigos e família. Isso significa que você estará conectado indiretamente a quatrocentas pessoas em dois níveis de separação. E a sua influência sobre essas pessoas não parará aí! Você terá ainda mais um nível de vinte amigos e famílias de cada uma dessas pessoas. Um total de oitocentas pessoas estará conectada a você em três níveis. Em média, estamos separados por seis níveis entre amigos, amigos de amigos e assim sucessivamente. Nossas ações, escolhas, pensamentos, atitudes, sentimentos e comportamentos, e mesmo nossos desejos, podem iniciar ações em ondas por entre a nossa rede. E em ondas nós também seremos tocados. A reciprocidade é fator-chave nas ligações em rede. Visões políticas, ganho de peso, hábitos saudáveis e felicidade são exemplos de como podemos ser influenciados e influenciar os membros da nossa rede. Mas aí você me questionaria: "Sabendo desse grau de influência, parece que eu perco parte da autonomia nas minhas decisões. É isso mesmo, Cláudia?". Sim, isso é verdade. E você poderia me indagar: "Mas, o que a rede me oferece em troca?". A chave para entender isso é compreender que a força de uma rede social está nas ligações entre os seres humanos. As pessoas, quando estão reunidas em rede sociais, conseguem transcender por si mesmas as suas limitações pessoais. Pense num exemplo de um cérebro, por exemplo. Redes de neurônios podem realizar tarefas extremamente complexas, mas, um neurônio sozinho jamais seria capaz. Por isso, dizemos que em redes sociais, o todo é maior do que a soma das partes. Quando estamos conectados em rede, conseguimos nos unir em solidariedade, estando lado a lado juntos, construindo soluções, nos apoiando mutuamente e lutando por causas comuns. E a partir dessa solidariedade em rede, entramos em contato com a nossa genuína humanidade.

Acreditamos que há um impulso utópico de formar redes que sempre esteve conosco desde os primórdios. Há também uma base genética para as características e comportamentos que são decisivos na origem e nutrição das conexões sociais. O altruísmo, por exemplo, é um predicado-chave para a formação e funcionamento das redes sociais. Se as pessoas nunca se comportassem de maneira altruísta, nunca retribuíssem um comportamento gentil, ou pior, sempre fossem violentas, os laços sociais se dissolveriam e a rede ao nosso redor se desintegraria. Algum grau de altruísmo e reciprocidade e de fato, algum grau de emoções positivas como amor e felicidade são, portanto, cruciais para o surgimento e resistência das redes sociais. E além disso, uma vez que as redes são estabelecidas, atos altruístas – de atos aleatórios de bondade a cascatas de doação de órgãos – podem se espalhar por elas. Cada um de nós já observou isso nas redes. E aí retornamos ao nosso título.

O que encontramos nas redes sociais: esperança, desesperança ou falsa esperança? A função da minha resposta não será a de "matar" a pergunta. Apenas, nos convidar a outras. Considerando a nossa existência, como seres humanos, uma jornada pessoal, cada um de nós carrega dentro de si, anseios, necessidades, desejos e buscas. Só você, o caminhante, é capaz de escolher seus caminhos. A sua parte interna que é capaz de encontrar a resposta está dentro de você, embora ainda não tenham sido apresentadas uma à outra. Você vai encontrar várias possibilidades pelo seu caminho. Mas só você poderá reconhecer qual é a sua. O momento mais especial de nossas vidas é esse processo do reconhecimento de quem nós somos, no íntimo. E tudo começa assim, por uma busca. E tenho uma boa notícia. Se você está aqui até agora, é porque você já é capaz de carregar o peso dessa pergunta e já está disposto a trilhar a sua jornada pessoal em direção a você mesmo.

Mas como assim, uma parte minha que eu não conheço?

Todos nós começamos as nossas vidas com um "chip" dos nossos pais implantado com amor, ou não, em nós. Nesse chip aprendemos o que é esperado de nós baseado no que deixaria os nossos pais felizes e realizados. E como tudo o que queremos nessa vida é sermos amados, baixamos esses arquivos e tentamos executá-los. Só que o chip dos nossos pais foi projetado para Windows 3.11 e a partir de um determinado momento, o nosso sistema, que já é um Windows 10, começa a travar. Você manda reformatar às configurações iniciais, mas, para nossa alegria enquanto psicanalistas, ele não aceita mais retornar. E aí se instala um vazio, cheio de angústias e tristeza. Natural, não é? Nunca viveu isso antes e o desconhecido que vive em cada um nós, nos amedronta. Frente a isso, você tem algumas opções. Tento reformatar à força com excesso de medicação? Procuro um terapeuta para caminhar comigo e iluminar o meu trajeto? Procuro ajuda na rede social?

— Mas, o que eu vou encontrar lá, Cláudia?

O que você tiver condição interna para escolher. Nas redes sociais encontraremos todos os tipos de pessoas e tudo que existe no mundo real, só que com um acesso muito rápido, fácil e intenso. Você pode encontrar esperanças verdadeiras que te conectem a amigos para estar em comunhão; pode se inserir em grupos de pessoas enfrentando as mesmas questões, que mutuamente se ajudam e se defendem; pode encontrar golpistas e oportunistas vendendo falsas esperanças disfarçadas de ajudas verdadeiras. Mas, pode também encontrar um psicólogo bem preparado que possa atendê-lo(a) de forma presencial ou *on-line* no seu consultório virtual seguro, com segurança, sigilo e ética.

As verdadeiras esperanças só serão alcançadas quando o seu EU verdadeiro, a parte que é sua essência, sem chip, for aquele que fizer a busca. Como eu brinco no consultório, você precisa fazer um Google Inside. Espero que você tenha refletido durante a nossa conversa. Leve as ideias que fizeram sentido para você e as compartilhe. Eu desejo que você encontre esperanças verdadeiras na vida e nas redes. Que possamos nos encontrar lá até o terceiro nível. Assim, poderemos conversar mais, nos influenciar positivamente e conviver em amor, solidariedade e esperança. Me encontre lá! Gostaria muito de saber de você.

Com afeto genuíno com que só um ser humano pode tocar o outro,

Cláudia Catão

Referências

CHRISTAKIS, N. A.; FOWLER, J. H. *Connected: The Surprising Power of Our Social Networks and How They Shape Our Lives*. Nova Iorque: Brown Spark, 2011.

DIJKSTRA, S.; KOK, G.; LEDFORD J. G.; SANDALOVA, E.; STEVELINK, R. "Possibilities and pitfalls of social media for translational medicine". *Frontiers in Medicine*, 5, 345, dez. 2018.

DAY, J. P. "Hope". *American Philosophical Quarterly*, 6: 89-102, 1969.

GARRARD, E.; WRIGLEY, A. "Hope and terminal illness: False hope versus absolute hope". *Clinical Ethics*, 4 (1): 38-43, 2009.

GODFREY, J. J. *A Philosophy of Human Hope*. Dordrecht: Martinus Nijhoff Publishers, 1987.

MARLON, J. R.; BLOODHART, B.; BALLEW, M. T.; ROLFE-REDDING J.; ROSER-RENOUF, C.; LEISEROWITZ, A.; MAIBACH, E. "How Hope and Doubt Affect Climate Change Mobilization". *Front. Commun.*, 4: 20, 2019.

MCGREER, V. "Trust, hope and empowerment". *Australasian Journal of Philosophy*, 86 (2): 237-54, 2008.

PULIDO, C. M.; RUIZ-EUGENIO, L.; REDONDO-SAMA, G.; VILLAREJO-CARBALLIDO, B. "A New Application of Social Impact in Social Media for Overcoming Fake News in Health". *International journal of environmental research and public health*, 17 (7): 2430, 2020.

ROBILLARD, J. M.; CABRAL, E.; HENNESSEY, C.; KWON, B. K.; ILLES, J. "Fueling hope: Stem cells in social media". *Stem Cell Reviews and Reports*, 11 (4): 540-546, 2015.

SPIRO, H. T*he Power of Hope: A Doctor's Perspective*. New Haven, Connecticut: Yale University Press, 1998.

STRATTON-LAKE, P. "Marcel, Hope and Virtue". *In*: GILES, J. (Ed.). *Sartre and the French Existentialists*. Amsterdam: Rodopi, 1999, p. 139-53.

14. Do quadro à tela, do rabisco ao *touchscreen*: Há esperança na internet?

Marcus Felipe Heles; Loreiny Claro dos Passos;
Ivonise Fernandes da Motta

Imagine um quadro dentro de um processo artístico colaborativo.
Ele não está em branco.
Alguns artistas - uns profissionais, outros amadores - já contribuíram e contribuem com seus rabiscos e pinceladas.
Você então, ao perceber esse quadro, passa de observador à artista.
E agora tem a possibilidade de fazer algo, de contribuir com essa obra.
A ideia, provavelmente, é que você deixe sua marca, sua originalidade, mas que perceba a linguagem já proposta pelos artistas anteriores.
As cores, a textura, o estilo, tudo será levado em conta para que você continue um trabalho já iniciado e, ao mesmo tempo, sinta que essa obra também te pertence, que sua contribuição é válida e bem-vinda.

Grosso modo, essa ilustração é uma maneira didática de entender a noção de experiência cultural do famoso psicanalista e pediatra inglês D. W. Winnicott, como forma de expansão do brincar que se inicia na infância.

Contribuindo para o aumento de novos círculos sociais a esta criança, o aspecto de quem exerce a função materna é ser capaz de desempenhar o seu papel estando seguro nessa relação dual, até mesmo por sentir o apoio e o amor do parceiro ou parceira, dando sustentação para que o ambiente seja facilitador ao amadurecimento desse indivíduo.

Dentro dessa experiência, é extremamente importante que o indivíduo caminhe gradualmente em direção ao convívio social e a vida em grupos sociais encontrando lugares de contribuição que propiciem a experiência de confiança e pertencimento nesse viver.

Pensando agora sobre a necessidade de ter um ambiente favorável para o desenvolvimento infantil, nada mais justo que lembrarmos também que nem sempre o bebê encontra condições suficientemente boas para sua época de nascimento e seu desenvolvimento emocional. As doenças pessoais, familiares e sociais dão embalo para aumentar dificuldades já existentes no seio familiar.

É possível afirmar que a criança nasce com um potencial para o amadurecimento, porém, será necessário um longo caminho para que as diferentes fases do desenvolvimento psíquico possam ir rumo à integração. A integração é um processo que, pouco a pouco, em contato com o ambiente com suas características particulares, propicia uma facilitação nesse percurso para que a criança possa atravessar as diversas fases da infância caminhando para a adolescência e a idade adulta. Nesse caminho, os pais são agentes centrais ao tecerem as bases fundamentais de sustentação do psiquismo.

A relação do indivíduo com a cultura, trazida para nosso tempo, insere nesse contexto formas de comunicação e interação até então não vivenciadas pelo psicanalista citado e, portanto, não aprofundadas diretamente por Winnicott. Claramente, é possível lê-lo e contextualizar seus estudos para o tempo em que vivemos, mas há, cada vez mais, a necessidade de nomearmos diretamente esses novos caminhos que possibilitam novas relações. Somente assim é possível chegarmos próximos a compreensões sem interpretações rasas ou estigmatizadas sobre determinados assuntos.

Nossa realidade é bem diferente de algumas décadas atrás. O ambiente em que vivemos, em que nos desenvolvemos, se modificou. Consequentemente, a forma de interação entre as pessoas também. A internet revolucionou o mundo, como todos já sabem.

A possibilidade de se relacionar afetivamente com uma pessoa que você não conhece é real, por mais que seja no ambiente virtual. E "real" considerando a realidade psíquica de quem se relaciona, se sente correspondido e afetado por aquela relação. Isso não pode ser levianamente compreendido ou ignorado.

Sentimos que a maioria das reflexões que se propõem a pensar na internet e seus desdobramentos nas relações podem desqualificar ou deflagrar mudanças como problemas. Também devemos considerar as doenças psíquicas potencializadas a cada ano, os crimes virtuais que só aumentam e toda a insegurança de ter uma vida em aplicativos, seja de instituições financeiras, de planos de saúde ou amorosos. Esses aspectos negativos serão abordados na continuidade do texto.

Porém, também podemos falar e refletir sobre pontos positivos que essa nova forma de se comunicar traz para a sociedade e como isso vai reverberando.

Vamos pensar no Brasil, em nosso contexto cultural e econômico. Aqui, a internet entrou na vida das pessoas de forma elitista. Poucos eram os núcleos familiares que tinham acesso a esse veículo, visto que o *smartphone* também é uma invenção recente. Até então, era preciso ter um computador de mesa e acesso à internet discada.

As comunicações se limitavam ao *e-mail* ou *chats* em salas de bate-papo, onde o uso da conversa digitada era o mais acessível. Com o passar dos anos, com a chegada das câmeras digitais e sua disseminação, redes sociais que incluíam imagens e vídeos foram criadas. Apesar disso, poucas ainda eram as pessoas que tinham poder de compra sobre produtos recém-lançados.

Mesmo com as redes sociais gratuitas e, cada vez mais populares, as pessoas que alcançavam notoriedade nesse meio eram justamente as que possuíam maior poder aquisitivo para obter câmeras modernas, mostrar viagens internacionais, roupas de grife e terem acesso a lugares tão almejados pelo restante da população, que, por sua vez, foi consumindo a internet de uma maneira parecida com a que consumia o veículo, até então, mais popular do país: a televisão. Acompanhar celebridades inacessíveis era a maneira mais próxima que a grande massa da população poderia ter de acesso à vida luxuosa e às tendências ditadas.

Voltando ao grande quadro do início do texto, era como se todos nós ganhássemos um pincel, mas poucos conseguissem pintar – à maioria, cabia ficar observando a pincelada alheia, sonhando com o dia em que faria seus rabiscos. Projetar no outro seus sonhos era o modo mais rápido e conhecido naquele momento.

Com o passar dos anos e a entrada de uma nova geração, a internet foi se transformando e estabelecendo sua maneira de se comunicar. Dados estatísticos mostram, ainda que tímidos, um aumento no uso da internet no Brasil. Segundo pesquisa divulgada em 2019 pelo TIC Domicílios e realizada pelo Centro Regional de Estudos para o Desenvolvimento da Sociedade da Informação (Cetic), em 2018, 126,9 milhões de pessoas usaram a rede regularmente. Metade da população rural e das classes D e E agora tem acesso à internet, sendo o celular como dispositivo de acesso utilizado por 97% dos entrevistados.

Dessa forma, a partir do momento em que a internet se expande para além das residências, conquistando as ruas e fazendo parte essencial da rotina de seus usuários, por meio do uso do celular, as pessoas ganham uma forma mais privada de utilizá-la.

Se a maneira de utilizar a internet se modifica, a forma de lidar com ela também. Como vimos, de elitista à popular, do computador de mesa compartilhado ao celular individual, agora, cada um pode acessar o que quiser, onde quiser, da maneira que quiser.

Paralelo a isso e não menos importante, o país passou (e passa) por transformações políticas que configuram à internet um *status* de não somente um veículo de comunicação da imprensa. Os próprios usuários começam a perceber nela uma maneira de serem ouvidos e, se não forem, pelo menos podem expressar seus sentimentos – ou *viralizar*, se tornando uma celebridade instantânea.

Claro que, de um lugar de "ser-não-visto" para o de "ser-escutado", podendo ter suas ideias compartilhadas por outros usuários, o que menos temos de esperar são pessoas maduras o suficiente para lidar com a amplitude de sua voz. Disseminação de ódio, propagações de notícias falsas (as famosas *fake news*), entre outros, são apenas consequência de uma realidade social que vê, na internet, um caminho de se sentir dona de si, de suas opiniões e de suas verdades, mas que não compreende os limites para isso.

Não houve uma educação social para tal uso (e ainda não há). Por mais que esperássemos algo parecido no futuro, a educação, de maneira geral e no Brasil, apresenta déficits com muitas situações que nos trazem profundas preocupações nos dias atuais. Uma educação que possa incluir os avanços tecnológicos da atualidade está fora do alcance da realidade brasileira nesse momento.

Mas, será então, a internet um lugar sem esperança, de completo individualismo, onde a propagação do ódio impera?

A resposta é complexa, difícil de se definir em "sim" ou "não".

Porém, podemos propor aqui em não responder com ponto final, mas com reticências, tanto para o "sim..." quanto para o "não...".

É incrível pensar que, por meio da internet, é possível ter conhecimentos até então dificultados pela distância geográfica, como acesso a bibliotecas virtuais, imagens e vídeos de outros países, leituras de textos traduzidos, etc. Mas, neste momento, o ponto mais interessante de se afunilar na reflexão que propomos é pensar sobre a potência do compartilhamento de ideias e experiências de pessoas que, dificilmente, seriam tidas como relevantes anteriormente, por estarem em lugares periféricos, fora do contexto metropolitano e, inclusive, rurais, até então ignorados midiaticamente.

Com a rotina massacrante e o tempo escasso para relações presenciais, as pessoas têm buscado encontrar na internet maneiras de se comunicar e tirar dúvidas sobre assuntos que possibilitem mais do que se informar e entrar no processo de comunicação sendo apenas receptoras da mensagem. Elas querem dialogar, ocupar o lugar de emissoras, mas também sem se preocupar com esse *status*. Há uma busca pela troca.

E aqui, nesse ponto, a ideia de experiência cultural em Winnicott, descrita no início do texto, parece ganhar mais sentido, porque na troca há a possibilidade de pertencimento envolvida. Não há uma predisposição de "alguém doa e alguém recebe", mas de "vamos doar e receber a ponto de, no fim, não sabermos e nem questionarmos quem foi que doou o quê".

As pessoas estão diminuindo as buscas por acompanhar "vidas inalcançáveis" para procurarem por realidades semelhantes às suas, onde é possível buscar um lugar de identificação e de saber que suas colocações serão consideradas.

Vídeos de "compras do mês em supermercados", de "como ter uma casa minimalista e economizar", de "dicas de melhores produtos de limpeza" e de "receita fácil com apenas dois ingredientes", se tornam, cada vez mais, postados, visualizados e *viralizados*. A demanda de quem posta e assiste parece a mesma: a de compartilhar. Só que, diferente de outro momento, quem agora vê, também pode comentar, dar sua opinião, trazer novas dicas e pertencer.

Percebe como o quadro vai ganhando novos pintores?

À medida que as pessoas se conectam com outras pessoas e não com notícias, imagens ou vídeos, elas buscam, por meio da internet, a capacidade de envolvimento diminuída (ou até perdida) nas relações presenciais. Às vezes, um xingamento, uma discussão, uma disseminação de ódio, pode ser, para alguém, esse pedido de socorro em pertencer e em se sentir acolhido. É claro, não há aqui defesas contra o que é crime e deve ser respondido judicialmente, mas em torno do que estamos refletindo, podemos partir do pressuposto que só conseguimos dar aquilo que recebemos. E essa capacidade de envolvimento é algo adquirido na relação familiar, uma conquista e não algo herdado, mas experienciado. Se não há experiência, não há vivência, não há memória, não há como replicar, como acreditar no potencial de viver.

Existem necessidades dos seres humanos intrínsecas que precisam que sejam preenchidas de alguma maneira. Pensando na infância, por exemplo, em que pode haver um ambiente suficientemente bom e que se tornou possível imaginar, criar histórias com enredos longos facilitando o desenvolvimento social.

Ao longo da vida nossas escolhas ecoam sobre nossa própria história. Exemplificam nossas atitudes frente a situações que a vida nos impõe. Buscar se envolver afetivamente com outras pessoas é uma das grandes etapas naturais do ser humano. Se apaixonar, geralmente, está intimamente ligado à ilusão, à potencialização de sentimentos e emoções. Espera-se que o processo de desilusão aconteça em alguma ocasião, independente do contexto em que uma pessoa se encontra, mas nem sempre isto ocorre. Podendo, assim, haver um hiato entre um relacionamento virtual e real, alimentado pela ilusão que a distância pode proporcionar.

Um outro lado da internet, que podemos conversar aqui, é sobre encontrar a ilusória proximidade que se busca incessantemente por algumas pessoas e que expõe a veracidade que se encontra dentro de um ser. Muitos interpretam a tela de um computador como uma proteção e que nada poderia atingi-lo. Uma atitude impulsiva é capaz de expressar o grande processo de integração que está por se fazer em situações como esta. Esquecem que vão encontrar conflitos, angústias, desavenças, como qualquer outro relacionamento. Circunstâncias como esta conseguem ser mais intensas na adolescência, mas nada impede que se prolongue.

Todos os assuntos explorados na sociedade são alvos de opiniões alheias de quem escreveu ou falou. Um dos grandes acontecimentos na era digital tem sido o discurso de ódio. Está cada dia mais frequente e explícito nas redes sociais. Há uma necessidade em expressar uma opinião oposta e, geralmente, carregada de raiva por serem conteúdos que são contrários à sua maneira de ver a vida.

O contexto familiar, para uma criança que pode disponibilizar um ambiente que recebe a hostilidade, os ataques por vezes intensos, no convívio entre irmãos, por exemplo, se torna facilitador de relações. Desta maneira, possibilita um princípio de vida social, aprendido em casa com os pais. Por mais controverso que possa parecer, dentro do contexto familiar, a opção de expressão pode resultar na união familiar, buscando uma manifestação para a segurança.

Existe um outro ângulo que podemos destacar. Quando um trauma, rupturas de várias naturezas que podem acontecer nos primeiros meses de vida de uma criança, acontece, gerando consequências por vezes importantes no processo de amadurecimento, o acolhimento familiar de emoções, por vezes violentas, pode levar a profundas desorganizações no grupo familiar.

É interessante lembrar que a nossa estrutura mental é capaz de sujeitar-se à posição de grupo ao longo do tempo. Este é um dos aspectos que mantém o vínculo entre pessoas de uma mesma comunidade. Ou quando há um elemento que não foi processado pela maioria e precisa ser contestado ou dividido.

Podemos entender, então, que o contexto familiar colabora para dar sustentação a uma pessoa. As diversas variações que ocorrem interferem diretamente em uma pessoa, no âmago de um indivíduo. Essas diversas interações incluem o uso da tecnologia. Reações a estas circunstâncias dão um vislumbre aos efeitos práticos no desenvolvimento social na vida adulta. Sentimentos não preenchidos, vazios existenciais, necessidades intensas nos sugerem a possibilidade do encontro com ciladas que, para a manutenção da integridade, necessitam da possibilidade de transitar entre a ilusão e os passos sucessivos em direção ao que é "real". Obstáculos ganham conotação de serem intransponíveis quando a ilusão domina e se torna custoso encarar angústias e conflitos.

Os ambientes familiares que puderam proporcionar acolhimento e apoio tendem a desenvolver crianças capazes de expressar o que realmente sentem. Grupos exercem influência em pessoas e o que nos desafia hoje é conseguir o conhecimento de nós mesmos para proporcionar boas experiências através do nosso ser no convívio com o outro.

A confiança no potencial de vida é um elemento fundamental para que tenhamos uma base sólida e segura capaz de nos fornecer coragem para explorar o mundo de forma criativa, respeitosa para com o outro, com limites que deem contorno aos nossos impulsos e nos coloquem em constante empatia. Por isso, a *agressividade* também pode ser utilizada como força-motriz para o viver criativo, desde que se encontre de maneira integrada no indivíduo dentro do seu processo de maturidade pessoal. Assim, não há necessidade de projetá-la em pessoas e/ou situações que não suportem a diferença do outro em seu modo de pensar, agir e existir no mundo. Aqui, é necessário que haja uma separação entre as ideias de agressividade e violência/ódio.

Essa "exploração do mundo" também diz sobre o mundo interior, sobre nossos medos, sonhos, desejos, sobre nossos sentimentos socialmente tidos como bons e ruins; sobre um explorar que nasce de dentro para fora, do mundo interior para o exterior. A maneira de se conectar com o outro, seja de forma presencial ou virtual, diz muito sobre essa esperança (ou desesperança?) do viver em sociedade e de se identificar com o outro, com suas escolhas, suas histórias e sobre sentir-se seguro o suficiente para compartilhar a si mesmo sem se sentir invadido, *hackeado*.

A pandemia que assola o mundo nos anos de 2020 e 2021 nos faz experenciar e visualizar a ajuda que a tecnologia nos traz, em termos de comunicação humana. E, sendo esta uma necessidade vital do ser humano (mesmo antes do seu nascimento e durante toda a vida), a acessibilidade propiciada pela internet tem se mostrado uma ferramenta valiosa para a travessia desse momento de imprevisibilidades, limitações e adaptações nos vários níveis do viver.

A internet está fazendo agir vários pintores, pessoas que, até então, somente observavam com seu pincel na mão. Nesse caminho é possível vislumbrar um espaço a ser ocupado entre a realidade vivenciada e a realidade virtual, capaz de conectar histórias, identificações, envolver e trazer uma noção de pertencimento às pessoas.

Do quadro à tela, do rabisco ao *touchscreen*: há esperança na internet!

Referências

CENTRO REGIONAL DE ESTUDOS PARA O DESENVOLVIMENTO DA SOCIEDADE DA INFORMAÇÃO. *O uso das tecnologias de informação e comunicação nos domicílios brasileiros*. 2018. Disponível em: CGI.br/NIC.br. Acesso em: 08 mar. 2020.

MOTTA, I. F. (Org). *Psicanálise no Século XXI: As Conferências Brasileiras de Robert Rodman*. São Paulo: Ideias & Letras, 2006.

WINNICOTT, D. W. *Natureza Humana*. Trad. D. L. Bogomolettz. Rio de Janeiro: Imago, 1990.

______. *O Brincar e a Realidade*. Trad. José Octavio de A. Abreu e Vanede Nobre. Rio de Janeiro: Imago, 1975.

______. *Da pediatria à psicanálise: Obras Escolhidas*. Rio de Janeiro: Imago, 2000.

______. *O Ambiente e os Processos de Maturação: Estudos sobre a teoria do desenvolvimento emocional*. Trad. I. C. S. Ortiz. Porto Alegre: Artmed, 1983.

Bibliografia Consultada

MOTTA I. F. da; ROSAL, A. S. R. de; SILVA, C. Y. G. da. (Org). *Psicologia: Relações com o contemporâneo*. São Paulo: Ideias & Letras, 2018.

Considerações finais:
A esperança no encontro humano

Ivonise Fernandes da Motta
Cláudia Yaísa Gonçalves da Silva

A Esperança, como uma das forças motrizes da vida humana, presente nas relações interpessoais e nas várias manifestações da cultura, entrelaça as facetas do sujeito conduzindo-o ao enfrentamento de desafios, superação de adversidades, estimulando-o a encontrar soluções para os obstáculos e a manter a crença em algo bom para si.

Na Psicologia e na Psicanálise, os profissionais do cuidado humano têm se deparado com diversas queixas de quem é encaminhado ou busca ajuda por estar em sofrimento e não saber como enfrentar seus problemas. Há casos em que o sujeito pouco sabe nomear o que sente, mas percebemos que se trata de algo que se aproxima do vazio, ausência, lacuna, indiferença, falta de sentido. Então, o que está por trás desses pedidos de ajuda?

Notamos que alguns quadros psicopatológicos e casos de adoecimento emocional estão articulados com o contexto mais amplo da sociedade. Vivemos a Pós-Modernidade e esse momento histórico é atravessado pela globalização, tecnologias da informação, individualismo, consumismo, rapidez e mudanças constantes. Os grandes esquemas explicativos e categorias que sustentavam a humanidade são repensados e é colocada em pauta a abertura para o novo, o qual pode ser reinventado de tempos em tempos.

O sujeito, no mundo atual, imerso em tantas indicações de como ter uma vida feliz e realizada, frequentemente é ludibriado a atingir certo *status* social e econômico por meio da aquisição de bens materiais, mas que logo são substituídos por uma nova versão. Vê-se que a relação com as coisas se revela por vezes descartável, abrindo espaço para o sentimento de vazio, incompletude e infelicidade. Isso porque, se não se possui o celular de última geração, os equipamentos tecnológicos recém-lançados ou se uma determinada marca não é consumida, pode-se ter a impressão de que a pessoa não acompanha as tendências e por consequência está excluída de determinado círculo.

No plano dos relacionamentos interpessoais e amorosos a ordem é no sentido da liberdade e flexibilidade. A ruptura de padrões que temos vivenciado na contemporaneidade, sem dúvida, deve ser reconhecida como um alcance histórico em termos da luta pela garantia dos direitos humanos e respeito à diversidade. As pessoas têm buscado a possibilidade de viver experiências diferentes, estar em relacionamentos mais livres, em alguns casos sem a obrigatoriedade de um compromisso formalizado, desfazer relações que não mais agregam e conhecer novas pessoas. Porém, todos esses aspectos, quando vividos como imperativos, distantes dos princípios e valores de cada pessoa, podem também trazer sofrimento devido à falta de referência e instabilidade.

Nesse sentido, o mundo virtual, apesar de ser uma realidade que tende a facilitar a vida das pessoas tanto no âmbito pessoal quanto profissional, por um lado pode favorecer a sensação de vazio e infelicidade quando se compara a vida exposta nas redes sociais e a vida "comum". Quantas pessoas tem se espelhado em uma vida de Instagram e Facebook, mas se afastado da sua própria? As falsas verdades e as realidades mascaradas sustentam uma idealização que, caso não seja avaliada particularmente, pode conduzir à sensação de que o que temos não é suficiente, importante ou valoroso.

Com isso, temos significativos desafios na Psicologia e na Psicanálise: lançar luz a uma vida dotada de sentido, uma vida própria para cada sujeito, retomar percursos e histórias de vida, auxiliando na elaboração psíquica e no resgate dos recursos internos para o enfrentamento das adversidades. Na clínica psicanalítica atual, observamos a variabilidade de instrumentos e manejos técnicos utilizados, no sentido de acessar a realidade interna do sujeito e contribuir para o continuar "vir a ser" do amadurecimento. Nesse sentido, a abordagem psicanalítica tem encontrado articulação nos diferentes contextos de saúde: hospitais, instituições e clínicas psicológicas, entre outros.

Ademais, um fator fundamental para o desenvolvimento positivo da terapêutica é a pessoa real do analista, este que se insere no *setting* como uma presença viva, ativa, em sensível comunicação com o paciente. Busca-se estabelecer uma aliança de confiabilidade, compreender os limites e necessidades de adequação, para que a experiência do encontro humano entre o par analista-paciente seja propulsora da construção de linhas e traços de esperança, esta reconhecida aqui como a força que motiva e impulsiona a olhar para o futuro. Para tanto, é possível lançarmos mão das expressões de esperança que levam ao reencontro do humano com a própria essência, vislumbradas nas atividades culturais como a poesia, a música e a arte em geral. Que saibamos entrelaçar os fios de esperança que permeiam as nossas vidas em uma bela e significativa rede de tramas. Como nos diz Mário Quintana: "*Viver é acalentar sonhos e esperanças, fazendo da fé a nossa inspiração maior. É buscar nas pequenas coisas, um grande motivo para ser feliz*".

Desde a regulamentação da profissão de psicólogo no ano de 1962 até o ano de 2020, muitas mudanças aconteceram no correr das várias décadas. Encontramos uma questão fundamental: a formação do psicólogo para atender às múltiplas demandas da pós-modernidade. A urgência que estamos visualizando na busca por atendimento psicoterápico nos direciona para as psicoterapias breves de orientação psicodinâmica. O ensino e a formação para trabalhos pontuais e breves requerem uma série de conhecimentos e estratégias terapêuticas.

As universidades cumprem três funções básicas: ensino, pesquisa e atendimento à comunidade. Neste tripé, o aluno é inserido desde a graduação em atividades clínicas. A interlocução estabelecida entre os professores, supervisores e alunos-estagiários propicia um diálogo que veicula conhecimentos teóricos e clínicos das mais diferentes vertentes.

As psicoterapias breves apresentam dois aspectos centrais: o caráter ativo da terapia como a presença real do terapeuta e a intervenção direta sobre os sintomas, que podem facilitar mudanças rápidas com possibilidade de perdurar no cotidiano.

As diferentes propostas de psicoterapia breve de orientação psicodinâmica têm tentado responder a diferentes demandas ajustando-se às solicitações crescentes por ajuda em situações de sofrimento das mais diferentes ordens.

O aluno, em seus primeiros atendimentos em psicoterapia, encontra uma experiência que o insere além das teorias. Nesse lugar, o olhar e a experiência de confiança estabelecidos através do trabalho em psicoterapia e acompanhados pelos professores e supervisores propiciam avanços e progressos. Ele é inserido no campo da pesquisa possibilitando a entrada e o alargamento em vários tipos de trabalhos com populações com as mais diversas urgências. Exemplo disto é a participação nas diferentes equipes que estão desenvolvendo trabalhos conectados com a pandemia. O atendimento às comunidades desenvolvido pela universidade tem trazido contribuições valiosas à sociedade.

Um processo terapêutico não se resume à simples aplicação de técnicas psicoterápicas, mas envolve, acima de tudo, a experiência de encontro entre as pessoas, entre histórias que podem chocar-se, amalgamar-se, e facilitar o crescimento e a maturação.

Nesse caminho, a confiança e a esperança surgem como elementos fundamentais da trajetória da psicologia. Com esse olhar o lugar da universidade é propiciador desse alargamento crescente da profissão de psicólogo; tanto o clínico vai se inserindo nas diferentes instituições de saúde com participação cada vez mais colaboradora em diferentes equipes, quanto tem incorporado crescentes demandas em outros campos fundamentais de grande valor. Cabe citar a importância e a participação do psicólogo nas escolas, nas atividades educativas em geral.

O olhar de crença no potencial humano que evolui no sentido de crescimento e da saúde fortalece o trilhar desse caminho em direção ao futuro; a crença na disposição em superar e transformar crises e conflitos. As contribuições com valor social adquirem cada vez mais relevância na universidade, como os trabalhos que estão sendo desenvolvidos com intervenções em grupo. Por último, cabe ressaltar a importância da internacionalização que temos assistido nos trabalhos desenvolvidos na universidade. O contato cada vez maior com diferentes instituições nos mais diferentes lugares do mundo facilita trocas valiosas de conhecimentos com nossos pares: comunicação, confiança e esperança direcionam nosso futuro.

Enquanto o amor pesar
mais que o mal na balança,
enquanto existir pureza
no olhar de uma criança,
enquanto houver um abraço,
há de haver esperança.

Enquanto nosso perdão
for mais forte que a vingança,
enquanto se acreditar
que quem acredita alcança,
enquanto houver ternura,
há de haver esperança.

Enquanto você sorrir
por uma boa lembrança,
enquanto você lutar

com uma força que não cansa,
enquanto você for forte,
há de haver esperança.

Enquanto a canção tocar,
enquanto seu corpo dança,
enquanto nossas ações
forem nossa grande herança,
enquanto houver bondade,
há de haver esperança.

Enquanto se acreditar
numa sonhada mudança...
pelo fim da violência,
pelo fim da insegurança,
enquanto existir a vida,
há de haver esperança.

Esperança no amanhã
e no agora também.
Tenha pressa, é urgente,
não espere por ninguém.
Não adianta esperança
se você não faz o bem.

Transforme sua esperança
em algo que não espera.
É no meio da maldade
que a bondade prospera.
É justo no desespero
que a paz chega e impera.

É quando se está sozinho
que um abraço tem valor.
Repare que é no frio
que a gente busca o calor.
E é justo onde existe ódio
que tem que espalhar amor.

Não adianta assistir,
não adianta observar,
se você não se mexer,
as coisas não vão mudar.
E até a esperança
vai cansar de esperar.

O mundo já lhe esperou
desde a hora de nascer.
Lhe apresentou a vida
e fez você entender
que se o problema é o homem,
o homem vai resolver.

Afinal, a gente nasce
sem trazer nada pra cá,
na hora de ir embora
o mesmo nada vai levar.
O que importa de verdade
é o que a gente vai deixar.[1]

---

1 BESSA, B. *Poesia que transforma. Sempre haverá esperança*. Disponível em: https://www.tudoepoema.com.br/braulio-bessa-sempre-havera-esperanca/. Acesso em: 28 nov. 2020.

Esta obra foi composta em sistema CTcP
Capa: Supremo 250 g – Miolo: Book Ivory Slim 65 g
Impressão e acabamento
Gráfica e Editora Santuário